Sociedades
empresárias | volume 2

Central de Qualidade — FGV Management
ouvidoria@fgv.br

SÉRIE DIREITO EMPRESARIAL

Sociedades empresárias | volume 2

2ª edição

Joaquim Falcão
Sérgio Guerra
Rafael Almeida
Rodrigo Vianna

Organizadores

Copyright © 2011 Joaquim Falcão, Sérgio Guerra, Rafael Almeida, Rodrigo Vianna

Direitos desta edição reservados à
EDITORA FGV
Rua Jornalista Orlando Dantas, 37
22231-010 — Rio de Janeiro, RJ — Brasil
Tels.: 0800-021-7777 — 21-3799-4427
Fax: 21-3799-4430
E-mail: editora@fgv.br — pedidoseditora@fgv.br
www.fgv.br/editora

Impresso no Brasil/*Printed in Brazil*

Todos os direitos reservados. A reprodução não autorizada desta publicação, no todo ou em parte, constitui violação do copyright (Lei nº 9.610/98).

Os conceitos emitidos neste livro são de inteira responsabilidade dos autores.

1ª edição — 2010
2ª edição — 2011

Preparação de originais e atualização: Sandra Frank
Editoração eletrônica: FA Editoração Eletrônica
Revisão: Aleidis de Beltran e Marco Antonio Corrêa
Capa: aspecto:design

> Sociedades empresárias / Joaquim Falcão (Org.)... [et al.]. — 2. ed. — Rio de Janeiro: Editora FGV, 2011.
> 2 v. — (Direito empresarial (FGV Management))
>
> Em colaboração com Sérgio Guerra, Rafael Almeida, Rodrigo Vianna.
> Publicações FGV Management.
> Inclui bibliografia.
> ISBN: 978-85-225-0875-4 (v. 1). 978-85-225-0876-1 (v. 2)
> 1. Direito empresarial. 2. Sociedades limitadas. 3. Sociedades por ações. 4. Propriedade intelectual. I. Falcão, Joaquim, 1943-. II. Guerra, Sérgio, 1964-. III. Almeida, Rafael. IV. Vianna, Rodrigo. V. FGV Management. VI. Fundação Getulio Vargas. VII. Série.
>
> CDD — 341.39

Nossa missão é construir uma escola de referência nacional em carreiras públicas e direito empresarial, formando lideranças capazes de pensar o Brasil a longo prazo e servindo de modelo para o ensino e a pesquisa no campo jurídico, de modo a contribuir para o desenvolvimento do país.

FGV Direito Rio

Sumário

Apresentação   11

Introdução   13

1 | Sociedade limitada: relações externas.
Administração e conselho fiscal   15
Roteiro de estudo   15
   Administração   15
   Deveres dos administradores   20
   Responsabilidades dos administradores   22
   Conselho fiscal   29
   Business judgement rule   31
   Deepening insolvency   33
Questões de automonitoramento   35

2 | Sociedade limitada: relações internas da sociedade   37
Roteiro de estudo   37
   Qualificação dos sócios   37
   A cessão de cotas nas sociedades limitadas   39

Direito de retirada   42
Deliberações dos sócios   44
Resolução da sociedade em relação a um sócio   50
Questões de automonitoramento   65

3 | Sociedade anônima: a opção pelo modelo companhia   67

Roteiro de estudo   67
Sociedade anônima   67
Questões de automonitoramento   96

4 | Manifestação externa da vontade da companhia: a assembleia geral, o conselho de administração, a diretoria e o conselho fiscal   97

Roteiro de estudo   97
Manifestação da vontade da companhia:
   introdução   97
A assembleia geral   99
Conselho de administração   110
Diretoria   116
Deveres dos administradores   119
Conselho fiscal: conceito, funções e remuneração   124
Questões de automonitoramento   136

5 | Sociedade anônima e financiamento: valores mobiliários   137

Roteiro de estudo   137
Organização societária e modalidades
   de financiamento   137
Capital social   138
Mercado de valores mobiliários   142
Ações   150
Bônus de subscrição   155

Opção de compra de ações 156
Partes beneficiárias 157
Questões de automonitoramento 158

6 | Sugestões de casos geradores 159

Sociedade limitada: relações externas.
Administração e conselho fiscal (cap. 1) 159
Sociedade limitada:
relações internas da sociedade (cap. 2) 160
Sociedade anônima:
a opção pelo modelo companhia (cap. 3) 161
Manifestação externa da vontade da companhia:
a assembleia geral, o conselho de administração,
a diretoria e o conselho fiscal (cap. 4) 162
Sociedade anônima e financiamento:
valores mobiliários (cap. 5) 164

Conclusão 167

Referências 169

Organizadores 183

Colaboradores 185

Apresentação

Aliada à credibilidade conquistada em mais de meio século de excelência no ensino de economia, administração e outras disciplinas ligadas à atuação pública e privada, a Escola de Direito do Rio de Janeiro da Fundação Getulio Vargas — FGV Direito Rio — iniciou suas atividades em julho de 2002. A criação dessa nova escola é uma estratégia da FGV para oferecer ao país um novo modelo de ensino jurídico capaz de formar lideranças de destaque na advocacia e nas carreiras públicas.

A FGV Direito Rio desenvolveu um cuidadoso plano pedagógico para seu Programa de Educação Continuada, contemplando cursos de pós-graduação e de extensão. O programa surge como valorosa resposta à crise do ensino jurídico observada no Brasil nas últimas décadas e que se expressa pela incompatibilidade entre as práticas tradicionais de ensino do direito e as demandas de uma sociedade desenvolvida.

Em seu plano, a FGV Direito Rio assume o compromisso de formar profissionais preparados para atender às reais necessidades e expectativas da sociedade brasileira em tempos de globalização. Seus cursos reforçam o empenho da escola em inserir no mercado profissionais de direito capazes de lidar com áreas interdisciplinares, dotados de uma visão ampla das questões jurídicas e com sólidas bases acadêmica e prática.

A Série Direito Empresarial é um importante instrumento para difusão das modernas teses e questões abordadas em sala de aula nos cursos de MBA e de pós-graduação em direito empresarial desenvolvidos pela FGV Direito Rio.

Dessa forma, esperamos oferecer a estudantes e advogados atuantes na área empresarial um material de estudo que seja realmente útil em seu cotidiano profissional.

Introdução

Neste segundo volume dedicado ao direito societário, damos continuidade aos estudos sobre as questões relativas às sociedades empresáriais no direito brasileiro. Assim como no volume 1, a intenção da FGV Direito Rio é tratar de questões atuais que despertam crescente interesse no meio jurídico e reclamam mais atenção dos estudiosos do direito.

O debate acerca dos relevantes temas envolvendo o direito societário, a cada dia, demonstra a importância que vem ganhando essa disciplina no mundo jurídico. O objetivo deste manual é discutir tais matérias, proporcionando a todos os operadores do direito uma visão pragmática e contemporânea do assunto.

A obra trata, de forma didática e clara, de questões envolvendo problemas da atualidade, em face das exigências da vida moderna e das condições econômicas do desenvolvimento do país.

O material aqui apresentado abrangerá assuntos relevantes como, por exemplo:

- sociedade limitada — relações externas. Administração e conselho fiscal;
- sociedade limitada — relações internas da sociedade;
- sociedade anônima — a opção pelo modelo companhia;
- manifestação externa da vontade da companhia — a assembleia geral, o conselho de administração, a diretoria e o conselho fiscal;
- sociedade anônima e financiamento — valores mobiliários.

Em conformidade com a metodologia da FGV Direito Rio, cada capítulo conta com o estudo de *leading cases* para auxiliar na compreensão dos temas. Com ênfase em casos práticos, pretendemos oferecer uma análise dinâmica e crítica das normas vigentes e sua interpretação.

Esperamos, assim, fornecer o instrumental técnico-jurídico para os profissionais com atuação ou interesse na área, visando fomentar a proposição de soluções criativas para problemas normalmente enfrentados.

1

Sociedade limitada: relações externas. Administração e conselho fiscal

Roteiro de estudo

Administração

O Código Civil de 2002 introduziu alterações significativas na estrutura administrativa das sociedades limitadas, extinguindo vez por todas o princípio — já bastante mitigado pela prática da delegação de gerência — de que apenas aos sócios incumbem a administração e a representação da sociedade.

Foi dado maior rigor à matéria na medida em que, hoje em dia, a administração das limitadas em muito se assemelha à das sociedades anônimas.[1] O Código Civil traz procedimentos a serem observados pela sociedade quando da nomeação dos

---

[1] "Em claro ataque contra o livre arbítrio dos sócios [...], as disposições do Novo Código Civil sobre o tema evidenciam tentativa clara de aproximar os sistemas deliberativo, administrativo e fiscalizador das limitadas às formalidades exigidas pela Lei de Sociedades Anônimas, ao prever, pormenorizadamente, em seus artigos 1.060 a 1.080, o modo de funcionamento e regras definidas para a administração, conselho fiscal e assembleia geral de quotistas" (Vieira e Reis, 2003:40).

membros de sua administração, bem como na devida prestação de suas contas no período em que exerceram funções administrativas.[2] Ressalte-se, ainda, a determinação contida no art.1.065, que obriga a administração a elaborar inventário, balanço patrimonial e balanço de resultado econômico da sociedade.

A sociedade limitada é administrada por uma ou mais pessoas, sócios ou não, designados no contrato social ou em ato separado. O art. 1.060 permite a designação, como administradores, de pessoas naturais que não fazem parte do quadro social, *desde que o contrato social preveja tal possibilidade*. Dessa forma, caso o contrato social nada mencione, a administração da sociedade competirá a cada um dos sócios (art. 1.013).[3] Na hipótese de se optar pela designação de uma administração que não seja por sócio, a lei exige um quórum qualificado para aprovação, se o capital não estiver integralizado; ou dois terços, no mínimo, se o capital estiver integralizado (art. 1.061).

O contrato social pode especificar competências próprias para cada administrador, ou exigir certos requisitos especiais para a prática de certos atos — *e.g.* a assinatura de dois administradores, ou de um em especial para certos negócios jurídicos. Nada impede que a administração seja genérica, quando todos os administradores têm poderes para praticar quaisquer atos (ver arts. 1.013 e 1.014). Aliás, essa é a regra quando do silêncio do contrato social. Nesse caso, cada administrador terá

---

[2] Neste sentido, ver jurisprudência: "Sociedade por cotas de responsabilidade limitada. Gestão. Prestação de contas. Afigura-se dever jurídico do administrador a prestação de contas dos seus atos de gestão aos demais sócios" (TJ/RJ. 2006.001.19503 — Apelação Cível. Des. Milton Fernandes de Souza. Julgamento: 6 jun. 2006. Quinta Câmara Cível).

[3] É importante observar que, caso o contrato social atribua a administração da sociedade a todos os sócios, essa previsão não se estenderá aos futuros sócios que porventura ingressem na sociedade (art. 1.060, parágrafo único, Código Civil). Para que os novos cotistas sejam admitidos na administração da sociedade, deverá ocorrer a ratificação da cláusula original do contrato (Campinho, 2005:220; Borba, 2007:124).

amplo poder de gestão, excetuadas a oneração e a alienação de bens imóveis, se estes atos não integrarem o objeto social (art. 1.015), hipótese em que se exige a aprovação da maioria do capital social.

Tanto o contrato social quanto o ato separado podem conter a nomeação de administradores, dentro de uma perspectiva formal de análise. O "ato separado" deve emanar do órgão competente da sociedade para deliberar a nomeação de administradores. Esse órgão será a assembleia ou reunião de cotistas, conforme o número de sócios da sociedade (art. 1.071, II).

A investidura do administrador deverá observar formalidades desnecessariamente inspiradas no modelo do anonimato: termo de posse lavrado no livro de atas da administração, o qual deverá ser averbado no registro público competente para arquivar atos da sociedade. Ressalte-se, ainda, que fica sem efeito a nomeação se a assinatura do termo de posse não ocorrer nos 30 dias seguintes ao da designação (art. 1.062).

A administração da sociedade limitada pode ser confiada ao administrador por prazo determinado ou indeterminado. Se determinado, com o advento do termo extinguem-se os poderes conferidos pelo contrato e pela lei. Outra possibilidade de extinção dos poderes administrativos é a renúncia por parte do próprio investido, ou sua destituição pelos outros sócios. Em relação à eficácia do ato de renúncia, basta a comunicação escrita do renunciante à sociedade para que sua manifestação de vontade tenha efeitos internos. Entretanto, para que produza efeitos contra terceiros, a dita comunicação terá que ser averbada no órgão de registro e publicada no *Diário Oficial*, bem como em jornal de grande circulação (art. 1.063 c.c. art. 1.152, §1º).

O fato de a nomeação do administrador a ser destituído ter sido feita no contrato ou em ato separado influi no quórum necessário para a aprovação da destituição. Tratando-se de administrador sócio nomeado no contrato social, o §1º do art. 1.063 estabelece o quórum qualificado (2/3, no mínimo), salvo disposição contratual diversa. Por outro lado, caso se trate de administrador nomeado em ato separado, seja ele sócio ou não, sua destituição poderá ser aprovada com o quórum exigido no art. 1.076, II, ou seja, votos correspondentes a mais da metade do capital social. Ainda, na hipótese de destituição de um administrador não sócio designado no contrato social, o quórum exigido para sua destituição será de 3/4 do capital (art. 1.076, I c.c. art. 1.071, V). Diante dessa incongruência legislativa, estabelecendo quóruns variáveis para cada uma das hipóteses de nomeação dos administradores, aconselha-se, na prática, que, em se tratando de administrador não sócio, a sua nomeação ocorra por ato separado, evitando-se o quórum de 3/4 do capital social (Campinho, 2005:223).

Ainda, tanto as sociedades limitadas quanto as sociedades por ações podem ter suas administrações estruturadas apenas pela diretoria, ou optar pela previsão também de um conselho de administração.[4] Na hipótese de os sócios de uma sociedade limitada optarem pela existência de um conselho de administração, deverão ser observadas as regras atinentes às sociedades por ações.

Administrador pessoa jurídica

Desde a vigência do Decreto nº 3.708/1919, já se discutia na doutrina possibilidade de uma pessoa jurídica ser administradora de uma sociedade. O Código Civil não encerrou inteiramente esse debate. Isso porque esse diploma não chega a vedar

---

[4] No caso das sociedades por ações, os arts. 138, §2º, e 239 da Lei das S.A. preveem algumas hipóteses específicas nas quais se exige que a sociedade tenha conselho de administração.

literalmente que a administração da sociedade seja feita por uma pessoa jurídica, tal como o faz a Lei das S.A.[5] Contudo, o art. 997, VI, do Código Civil, aplicável à sociedade limitada em virtude do art. 1.054, exige que o contrato social mencione as "pessoas naturais incumbidas da administração da sociedade". Ainda, o §2º do art. 1.062 estabelece que o administrador nomeado deve averbar sua nomeação mencionando, entre outras informações, seu estado civil. Através de disposições, poder-se-ia concluir que a administração da sociedade limitada é restrita a pessoas naturais.[6] Entendimento diverso encontra apoio na doutrina, uma vez que, não tendo sido restringido expressamente o exercício da administração por pessoa física, poder-se-ia sustentar que há possibilidade de se conferir a administração a pessoa jurídica em caso de silêncio do contrato social.[7]

O Departamento Nacional de Registro do Comércio (DNRC), na Instrução Normativa nº 98/2003, já firmou sua orientação no seguinte sentido: "A pessoa jurídica não pode ser administradora".[8]

Ainda assim, existem opiniões em sentido contrário, como a do professor Borba (2004:107):

> Esses administradores poderão ser pessoas naturais ou pessoas jurídicas, uma vez que, onde o legislador não distinguiu (art. 1.060, que se refere a "uma ou mais pessoas", indistintamente), não cabe ao intérprete distinguir. Quando o legislador quis distinguir, como o fez em relação às sociedades simples, fê-lo

---

[5] Lei nº 6.404, de 15 de dezembro de 1976, art. 146.

[6] O Enunciado nº 66 da I Jornada de Direito Civil, realizada pelo Conselho da Justiça Federal, de autoria do professor Márcio Souza Guimarães indica: "Art. 1.062: a teor do §2º do art. 1.062 do Código Civil, o administrador só pode ser pessoa natural".

[7] Ver as seguintes opiniões: Moraes (2002:45); Teixeira (1995:70).

[8] *Manual de atos de registro de sociedade limitada*, p. 19. Serviços — Código Civil 2002. Departamento Nacional de Registro do Comércio. Disponível em: <www.dnrc.gov.br>. Acesso em: ago. 2009.

expressamente (art. 997, VI), para tornar a administração privativa de pessoas naturais. A regra da sociedade simples não se aplica subsidiariamente, nesse caso, à sociedade limitada, tanto que esta dispõe de norma própria.

Deveres dos administradores

Conforme bem disse Coelho (2003a), os deveres de diligência e lealdade, prescritos aos administradores das sociedades anônimas (arts. 153 e 155 da Lei das S.A.), devem ser vistos como preceitos gerais aplicáveis a qualquer pessoa incumbida de administrar bens ou interesses alheios. Neste sentido o art. 1.011 do Código Civil prevê, para os administradores da sociedade simples (subsidiariamente para os administradores da sociedade limitada), os deveres de cuidado e diligência que o homem probo costuma empregar na administração de seus próprios bens.

Segundo o citado professor:

> Para cumprir o dever de diligência, o administrador deve observar, na condução dos negócios sociais, os preceitos da tecnologia da administração de empresas, fazendo o que esse conhecimento recomenda, e deixando de fazer o que ele desaconselha. *O paradigma do administrador diligente é o administrador profissional* [Coelho, 2003a:51, grifos nossos].[9]

Já o dever de lealdade está diretamente ligado ao uso que faz o administrador das informações a que teve acesso em de-

---

[9] Note-se que, ao se referir ao profissionalismo exigido do administrador de sociedade, não se refere o autor, necessariamente, ao profissional graduado em administração de empresas, já que este requisito não é exigido do administrador de sociedade limitada.

corrência de seu cargo. É vedado ao administrador fazer uso de quaisquer informações sabidas em razão do posto que ocupa, para se beneficiar, ou a terceiros, em detrimento da sociedade. Também não pode utilizar-se de recursos da sociedade (humanos ou materiais) para propósitos particulares. Por fim, não pode concorrer com a sociedade ou envolver-se em negócios, quando existente eventual conflito de interesses.

Outro dever determinado pela lei ao administrador é o previsto no art. 135, III, do Código Tributário Nacional:

> Art. 135. São pessoalmente responsáveis pelos créditos correspondentes a obrigações tributárias resultantes de atos praticados com excesso de poderes ou infração de lei, contrato social ou estatutos:
> [...]
> III – os diretores, gerentes ou representantes de pessoas jurídicas de direito privado.

Ou seja, o referido artigo determina, em relação às obrigações tributárias — uma vez que o mesmo se encontra no título referente às responsabilidades tributárias e na seção sobre a responsabilidade de terceiros —, a responsabilidade do administrador pelos atos praticados com excesso de poder ou contra as disposições legais e do contrato social.[10] Trataremos melhor do assunto no próximo item.

---

[10] "Processual Civil e Tributário. Execução Fiscal. Sociedade por Quotas de Responsabilidade Limitada. Responsabilidade dos Sócios-Gerentes. Subjetividade. CTN, art. 135, III. Precedentes: Tem-se por caracterizada a responsabilidade tributária do sócio-gerente, administrador, diretor ou equivalente pelas dívidas sociais quando dissolvida irregularmente a sociedade ou comprovada infração à lei praticada pelo dirigente, resultantes de ato ou fato eivado de excesso de poderes ou com infração de lei, contrato social ou estatutos. O simples inadimplemento tributário não constitui infração à lei para fins de responsabilização dos sócios-gerentes. Recurso especial conhecido e provido." STJ. REsp 335404/SE. Recurso Especial 2001/0093247-8. Ministro Francisco Peçanha Martins (1094).

Certamente, quando a sociedade sofrer danos em virtude do descumprimento, pelo administrador, de seus deveres de atuar como homem diligente e leal, fica este obrigado a ressarci-la. O mesmo ocorre quando ultrapassar os atos regulares de gestão ou quando proceder contrariamente ao contrato social ou à lei. Pode o contrato social, inclusive, estabelecer cláusula garantidora da administração diligente e leal, através de caução nas formas contratuais. Uma vez estabelecida, a garantia só será levantada após a aprovação das últimas contas apresentadas pelo administrador que houver deixado o cargo (Campinho, 2005:229).

Responsabilidades dos administradores

O capítulo do Código Civil destinado às sociedades limitadas não dispôs especificamente sobre as responsabilidades dos administradores. Em decorrência, por força do disposto no art. 1.053 do mesmo diploma, devem-se aplicar as regras das sociedades simples ou das sociedades anônimas, conforme dispuser o contrato social.

Ao optar-se pela aplicação subsidiária da Lei das S.A., atingir-se-á estrutura administrativa deveras similar à do anonimato, uma vez que, conforme mencionado, as regras de administração para as limitadas previstas pelo Código Civil foram nitidamente inspiradas naquelas.

Assim sendo, uma vez que, de acordo com a atual sistemática legal, em regra, as responsabilidades dos administradores das sociedades limitadas regem-se pelas normas das sociedades simples e não pela lei acionária,[11] apontaremos as regras atinentes às sociedades simples.

---

[11] Isto porque cabe aos sócios, se assim lhes aprouver, optar expressamente, no contrato social, pela aplicação supletiva da Lei das S.A. (art. 1.053, parágrafo único, CC). Em princípio, como se trata a sociedade limitada de uma sociedade contratual, aplicam-se a ela as disposições do Código Civil em relação às sociedades simples.

Apesar de estruturalmente antagônicas às regras inspiradoras da estrutura administrativa das limitadas, as sociedades simples seguiram orientação prevista no Decreto nº 3.708/1919, segundo a qual os administradores respondem solidariamente, perante a sociedade e os terceiros prejudicados, por culpa no desempenho de suas funções (art. 1.016 do Código Civil). Ou seja, a regra geral é a da irresponsabilidade pessoal dos administradores pelas obrigações que contraírem em nome da sociedade. Os administradores atuam como órgão da pessoa jurídica, praticando atos e contraindo direitos e obrigações em nome e por conta da sociedade que administram. A responsabilidade pessoal dos administradores, perante a sociedade e terceiros, só se dará, como mencionado anteriormente, nos casos de excesso no uso dos poderes de gestão e violação do contrato social ou da lei. Nos casos de prejuízos causados culposamente pelos administradores a terceiros, a sociedade será responsabilizada pelo ato, podendo exercer direito de regresso contra o(s) administrador(es).

Veda-se, ainda, que os administradores se façam substituir no exercício de suas funções, ressalvada a constituição de mandatários da sociedade com poderes específicos (art. 1.018 do Código Civil).

Ainda, são obrigados os administradores a prestar, aos sócios, contas justificadas de sua administração, e apresentar-lhes o inventário anualmente, bem como o balanço patrimonial e o de resultado econômico (arts. 1.020 e 1.065), de modo a possibilitar-lhes — e ao conselho fiscal, se houver — o exercício do controle das atividades dos administradores.

É importante mencionar que o administrador não será responsável pelos atos ilícitos praticados por outros administradores, desde que não seja conivente e que, tomando conhecimento do ilícito, tente impedir sua prática. Deve o administrador dissidente dar ciência do fato aos sócios ou ao conselho fiscal, por meio de reunião/assembleia ou mesmo pela ata de reunião do conselho de administração/diretoria (Campinho, 2005:229), sempre deixando consignada sua dissidência ou discordância em relação aos atos que considera ilícitos.

A aprovação sem reservas, pelos sócios, dos balanços patrimoniais e de resultado, salvo se presentes vícios de consentimento, exime os administradores de responsabilidade no âmbito da sociedade. Ressalta-se que prescreve em três anos, contados da data de apresentação do balanço patrimonial do exercício em que ocorreu a violação, a pretensão da sociedade contra os administradores por atos culposos e violadores da lei ou do contrato.

Problemas surgem no caso de o mau administrador ser o sócio majoritário, capaz de impedir qualquer ação administrativa ou judicial contra si mesmo. Segundo o professor Campinho (2005:230-231), deve-se aplicar analogamente o §4º do art. 159 da Lei nº 6.404/1976, mesmo quando o contrato social não estabelecer a regência supletiva da Lei das Sociedades Anônimas (e assim aplicar-se-iam supletivamente as regras da sociedade simples). Logo, o sócio minoritário poderia, sempre que ciente das irregularidades da administração, agir como substituto processual da sociedade. Isto sem prejuízo da ação pessoal de indenização cabível de ser impetrada pelo sócio em virtude dos danos que tiver sofrido por causa dos atos indevidos da administração.

Responsabilidade tributária

O art. 135, III, do Código Tributário Nacional estabelece a responsabilidade pessoal do administrador pelos créditos correspondentes a obrigações tributárias resultantes dos atos praticados com excesso de poderes ou infração da lei ou do contrato social.

O tema é ensejador de grandes divergências entre estudiosos e julgadores, uma vez que o citado dispositivo legal estabelece a responsabilidade pessoal do administrador por atos praticados "com excesso de poderes ou *infração à lei* [...]". Daí se conclui que o não recolhimento do tributo, por si só, implicaria tal responsabilidade ao administrador.

Pode ocorrer, todavia, hipótese em que a sociedade limitada não disponha dos recursos necessários ao recolhimento do tributo, pelo que não pode ser responsabilizado o administrador que não tenha agido de má-fé. Para melhor esclarecer a questão, Coelho (2003a:54) chamou esta situação de *inadimplemento*, em oposição à *sonegação*. Aos olhos do professor, o administrador somente poderá ser responsabilizado em caso de sonegação, quando a sociedade possuía o dinheiro para o pagamento do tributo, mas o administrador o destinou a outras finalidades. Atualmente, esse é o entendimento da doutrina e jurisprudência dominante.[12]

Teoria ultra vires × teoria da aparência

A vinculação da sociedade aos atos praticados em seu nome, mas estranhos ao objeto social, gerou no sistema jurídico de *common law*, a *ultra vires doctrine*. Em meados do século XIX, com vistas a evitar desvios de finalidade na administração de sociedade por ações, além de preservar os interesses de investidores, as cortes inglesas começam a formular a referida teoria.[13]

De acordo com a formulação da *ultra vires doctrine*, qualquer ato praticado em nome da pessoa jurídica que extrapole

---

[12] Ver: Supremo Tribunal Federal. Recurso Extraordinário nº 108.728. Primeira Turma. Relator: min. Néri da Silveira. Julgado em 3 fev. 1989.
[13] Sobre o surgimento e o desenvolvimento da teoria *ultra vires societatis*, ver Coelho (2003a:67-70).

o objeto social é nulo. Entretanto, o rigor da teoria *ultra vires*, em sua formulação inicial, trouxe vários problemas para as sociedades inglesas. Poucos corriam o risco de contratar com elas sem que houvesse a inclusão, de forma clara e precisa, do negócio contratado no objeto social registrado. Havia de ser indiscutível a inclusão. Tornou-se praxe, entre as sociedades, a ampliação ao máximo do objeto social. Coelho (2003a:68) lembra que "como o objeto social, até 1948, era inalterável no direito inglês, os atos constitutivos das sociedades passaram a ostentar, na cláusula respectiva, uma lista imensa e variada de atividades econômicas às quais poderiam dedicar-se".

Ao longo do século XX, dilui-se o rigor da teoria. O ato exorbitante do objeto social (*ultra vires societatis* — além das forças da sociedade) de nulo passou a ser ineficaz com relação à sociedade. O terceiro poderia demandar o cumprimento das obrigações do administrador, mas não da sociedade, que não responderia por tais atos.

Além disso, outra flexibilização da teoria ocorreu em virtude da boa-fé do contratante, que passou a ter o direito de exigir da própria sociedade o cumprimento da obrigação extravagante, desde que justificável o desconhecimento da cláusula delimitadora do objeto social.

Nesse diapasão inserem-se os defensores da *teoria da aparência*, insurgindo-se na proteção dos interesses dos terceiros de boa-fé que contratam com a sociedade. Em linhas gerais, alegam os adeptos dessa teoria que a agilidade e a dinamicidade próprias do comércio, na maioria das vezes, impedem que o contratante examine com cautela o objeto social da sociedade com que contrata. Além disso, deve a sociedade arcar com os prejuízos causados pelo mau administrador, uma vez que foi aquela (através de seus sócios) a responsável pela escolha deste (responsabilidade pela culpa *in eligendo*). Nesta hipótese, a sociedade teria o direito de regresso contra aquele que praticou o ato que extrapolou o objeto social.

Até a vigência do Código Civil de 2002, o direito brasileiro não trazia norma expressa que consagrasse qualquer das teorias ora tratadas, deixando a cargo da doutrina e da jurisprudência a solução de impasses.

Requião (2003:454) nega validade à cláusula restritiva dos poderes da gerência em relação a terceiros de boa-fé, sob o argumento de que

> é exigir demais, com efeito, no âmbito do comércio, onde as operações se realizam em massa, e por isso sempre em oposição com o formalismo que, a todo instante, o terceiro que contrata com uma sociedade comercial solicite desta a exibição do contrato social, para verificação dos poderes do gerente [...].

Incluem-se na corrente que nega validade a cláusula restritiva dos poderes da gerência, Peixoto (1956:318), Barreto Filho (1977:72), Borges (1971:301), Abrão (1980:100), Lucena (2003:448-459), entre outros. À corrente contrária, filiaram-se os ilustres Ferreira (1954:376) e Teixeira (1956:115).

No entanto, o acórdão proferido nos autos da Apelação Civil nº 10.284, pela 2ª Câmara Civil do Tribunal de Justiça de Alagoas, julgado em 23 fev. 1994, de relatoria do desembargador Ayrton Tenório Cavalcanti, acolhendo o princípio da publicidade dos contratos sociais e a obrigação do contratante de examinar o que estabelece o contrato social quanto aos poderes de gerência e representação da sociedade, eximiu de responsabilidade a sociedade por atos praticados por sócio-gerente que agiu com excessos de poderes.

Contudo, aparentemente contra as tendências da época, o Código Civil de 2002 trouxe norma claramente inspirada na teoria *ultra vires*, de acordo com a qual a prática de atos evidentemente estranha aos negócios sociais pode ser oposta ao credor como excesso de poderes do administrador (art. 1.015, parágrafo único, III).

Nos termos do art. 1.015 do Código Civil, o excesso de poderes por parte dos administradores somente poderá ser oposto a terceiros caso: (i) a limitação de poderes esteja inscrita ou averbada no registro próprio da sociedade; (ii) prove-se ser conhecida do terceiro; ou (iii) *trate-se de operação evidentemente estranha aos negócios da sociedade.*

Conclui-se, então, que a aplicação da teoria *ultra vires* objetiva afastar, no caso concreto, a responsabilidade da pessoa jurídica, em função de ter o administrador praticado ato que extrapole o objeto social, ou seja, uma operação evidentemente estranha aos negócios da sociedade. Assim, restaria aos terceiros de boa-fé ação contra o administrador que agiu com excesso.

Sobre a matéria, não se pode deixar de mencionar enunciado elaborado pela Comissão de Direito de Empresa da III Jornada de Direito Civil, realizada pelo Conselho da Justiça Federal, com o apoio do Superior Tribunal de Justiça:

> 219 – Art. 1.015. Está positivada a teoria *ultra vires* no Direito brasileiro, com as seguintes ressalvas: (a) o ato *ultra vires* não produz efeito apenas com relação à sociedade; (b) sem embargo, a sociedade poderá, por meio de seu órgão deliberativo, ratificá-lo; (c) o Código Civil amenizou o rigor da teoria *ultra vires*, admitindo os poderes implícitos dos administradores para realizar negócios acessórios ou conexos ao objeto social, os quais não constituem operações evidentemente estranhas aos negócios da sociedade; (d) não se aplica o art. 1.015 às sociedades por ações, em virtude da existência de regra especial de responsabilidade dos administradores (art. 158, II, Lei nº 6.404/76).

Ainda sobre a teoria *ultra vires,* deve-se registrar uma peculiaridade relacionada às sociedades limitadas. De acordo com o Código Civil (art. 1.053 e seu parágrafo único), a sociedade constituída sob este tipo societário rege-se, nas omissões do capítulo que lhe é próprio, pelas normas da sociedade simples. Todavia, pode optar pela utilização da Lei das S.A. como norma de regência supletiva. Assim, importante é a análise do contrato social, visto que, tendo este estipulado a regência supletiva pelas normas da sociedade anônima, conclui-se pela impossibilidade de aplicação da teoria *ultra vires,* em virtude da existência, na Lei das S.A., de regra própria de responsabilidade do administrador (art. 158, incisos I e II).

Conselho fiscal

Foi expressamente prevista no Código Civil de 2002 a possibilidade de criação de conselho fiscal pela sociedade limitada, paralelamente à assembleia de cotistas ou reunião de cotistas. Nos moldes do regime das sociedades anônimas, a norma contida no art. 1.066 restringe o acesso ao conselho fiscal àqueles que estão livres de qualquer conflito de interesses com a sociedade. Assim, os administradores, empregados, seus cônjuges, entre outros (art. 1.066, §1º), estão impedidos de participar do conselho fiscal. Percebe-se, com clareza, a intenção do legislador de garantir a independência do conselho fiscal em benefício do interesse dos sócios minoritários.

Por isso mesmo, tal como previsto no art. 161, §4º, da Lei das S.A.,[14] que visa assegurar a participação das minorias acionárias no conselho fiscal, o art. 1.066, §2º, do Código Civil estabelece que os sócios minoritários que representem pelo me-

---

[14] Note-se que, embora tenham o mesmo teor, o art. 161, §4º, da Lei das S.A. prevê o percentual mínimo de 10% do capital social votante, enquanto o art 1.066, §2º, do Código Civil estabelece o percentual mínimo de 20% do capital social total.

nos 20% do capital social têm o direito de eleger, separadamente, um dos membros do conselho fiscal e o respectivo suplente.

O conselho fiscal é o órgão da sociedade que tem como atribuição fundamental a fiscalização das atividades negociais desenvolvidas pelos administradores e das demonstrações financeiras produzidas. Nas sociedades limitadas, não é órgão obrigatório, como o são a assembleia de cotistas e ao menos um órgão administrativo.[15] Portanto, para instalação de conselho fiscal, é necessário que o contrato social: (i) o tenha regulado de forma definitiva; (ii) preveja as hipóteses em que poderá ser instalado; ou (iii) preveja, ao menos, a possibilidade de instalação.

Antes do advento do Código Civil, o conselho fiscal já era admitido pela interpretação do art. 18 do Decreto nº 3.708/1919, que, como mencionado, estabelecia a aplicação da Lei das S.A. como supletiva ao contrato social.

O conselho fiscal está subordinado à assembleia ou reunião de cotistas; prova desta afirmativa é a eleição e destituição dos conselheiros fiscais pela assembleia. Sua composição deverá observar o mínimo de três membros e respectivos suplentes, cabendo ao contrato estipular o número máximo de conselheiros. Estes poderão ser sócios ou não, mas deverão residir no Brasil (art. 1.066 do Código Civil).

A investidura no cargo de conselheiro fiscal segue o mesmo formalismo da investidura do administrador, ou seja, através da assinatura do termo de posse lavrado no livro de atas e pareceres do conselho fiscal, onde se mencione o seu nome, nacionalidade, estado civil, residência e a data da escolha.

---

[15] Cumpre notar que nas sociedades anônimas o conselho fiscal é órgão obrigatório e permanente (art. 161 da Lei das S.A.). Contudo, ele pode ficar desativado até ser instalado a pedido de acionistas.

O exercício de suas funções será até a próxima assembleia anual, salvo se for destituído ou houver vacância (art. 1.067).

A remuneração do conselheiro fiscal é fixada pela assembleia de cotistas para todo o período de duração de seu mandato, e poderá ser global ou individualmente fixada, tendo em vista a ausência de imposição legal para uma ou outra (art. 1.068). Todavia, não há impedimento a que o valor anual seja dividido em pagamentos, sendo estes mensais ou com qualquer outra periodicidade.

As atribuições e poderes dos membros do conselho fiscal estão elencados nos incisos do art. 1.069. Não podem ser outorgados a outro órgão da sociedade, sendo a responsabilidade de seus membros a mesma imputada aos administradores (art. 1.070). Isto é, os conselheiros responderão solidariamente, diante da sociedade e dos terceiros prejudicados, por culpa no desempenho de suas funções (art. 1.016).

Constata-se, portanto, que o controle exercido pelo conselho fiscal sobre a administração da sociedade é técnico e não político. O controle político é atribuído a outro órgão da sociedade: a assembleia ou reunião de cotistas.

Business judgement rule

Nos EUA, a doutrina e a jurisprudência desenvolveram a ideia de que existe uma "área de controle" para o controle dos poderes dos administradores. Essa noção foi consolidada na expressão *business judgment rule*. Essa expressão foi desenvolvida pelos tribunais norte-americanos ao estabelecerem que administradores de uma companhia não poderiam ser responsabilizados pessoalmente por eventuais perdas incorridas em virtude de decisões administrativas tomadas, na medida em que se demonstrasse que agiram com a devida diligência e boa-fé.

Esse conceito foi posto em foco a partir da decisão em Otis & Co. vs. Pennsylvania R. Co., de 1945. Neste caso, um grupo de acionistas de uma companhia ingressou contra seus administradores sob o fundamento que eles teriam falhado em seus deveres ao não terem obtido o melhor preço possível na venda de valores mobiliários, negociando apenas com um investidor. Deixaram, assim, de procurar por um melhor preço, o que teria resultado na perda de uma grande quantia. À época, o tribunal decidiu que os administradores tinham agido de boa-fé e, portanto, não poderiam ser responsabilizados, mesmo que tivessem escolhido uma estratégia equivocada. Desde então, a noção da *business judgment rule* tem sido desenvolvida pela doutrina e pela jurisprudência norte-americana. O conceito de *business judgment rule* está diretamente ligado aos deveres fiduciários incumbidos aos administradores das companhias no sentido de atuarem apenas no interesse dos acionistas e de buscarem proporcionar a eles o maior retorno possível (os chamados "deveres Revlon", em alusão ao caso Revlon, Inc. vs. MacAndrews & Forbes Holdings, Inc., de 1986, que serve como precedente).[16]

A evolução jurisprudencial a respeito do alcance desta doutrina representou um avanço significativo na concepção jurídica das funções dos administradores sociais. Com o curso do tempo, a jurisprudência estadunidense desenvolveu, efetivamente, certos critérios para a aplicação prática da regra da arbitrariedade, critérios estes que foram compilados, posteriormente, no célebre caso Shlensky vs. Wrigley. Em termos gerais, tais critérios podem ser sintetizados da seguinte maneira: (i) os juízes não podem intervir na administração de uma companhia, ainda que as decisões adotadas por seus adminis-

---

[16] Para mais informações acerca deste tema, ver: Klein, Ramseyer e Bainbridge (2003); Silva (2007); Villamizar (2005).

tradores não tenham sido bem-sucedidas; (ii) os juízes não podem estabelecer ou modificar as políticas internas de uma sociedade. As decisões dos administradores, os quais foram eleitos pelos sócios, devem prevalecer, a não ser que haja uma atuação fraudulenta; e (iii) os juízes não podem tentar impor seus critérios aos administradores sociais que tenham atuado conforme a lei (Bainbridge, 2002:244).

Sobre esse tópico, vale destacar a recente e interessante decisão de 29 de junho de 2008, do tribunal de Delaware no caso Ryan *vs.* Lyondell Chemical Co., no qual se estabeleceu a possibilidade de os diretores das companhias situadas em Delaware serem considerados responsáveis civilmente caso se comprove quebra do dever fiduciário esperado em processos de venda da companhia.

Deepening insolvency

A chamada *deepening insolvency* é uma teoria desenvolvida nos Estados Unidos que se relaciona com a hipótese de manutenção fraudulenta das atividades da companhia diante de um claro cenário de insolvência, resultando, assim, em graves danos para a própria companhia. Como exemplo de tais práticas podemos citar a celebração de contratos sem nenhuma pretensão de capacidade futura de cumprimento, aumentando o risco de falência, minando relações comerciais etc.

A princípio, a criação dessa teoria se baseou em aspectos de teorias sobre finanças corporativas. A ideia é que incorrer de forma equivocada em dívidas que não podem ser pagas pode aumentar substancialmente os custos associados com a insolvência, tais como as despesas relacionadas ao processo de falência ou recuperação, bem como a perda no valor dos ativos da companhia.

Assim, pouco a pouco a jurisprudência norte-americana foi reconhecendo a possibilidade de uma companhia em processo de falência ou de recuperação, ou seus representantes, poderem exigir ressarcimentos pelos danos causados por diretores, conselheiros e/ou profissionais envolvidos com a administração da companhia em momentos anteriores ao início do processo de falência e/ou recuperação. Esses administradores e/ou profissionais seriam responsáveis pelos danos causados à companhia caso tivessem facilitado ou realizado atos de má administração, ou, ainda, contribuído para a maquiagem de suas demonstrações financeiras, de forma a contribuir para a falência ou para uma grave perda de ativos da sociedade.

O exemplo clássico é aquele no qual o réu utilizou ou preparou declarações financeiras fraudulentas inflacionando os ativos sociais para angariar capital em nome da companhia. Se a publicação das condições financeiras reais levasse a um aumento na dívida que mais tarde, na liquidação, fizesse com que os credores arcassem com uma perda maior do que eles teriam tido se a companhia tivesse sido liquidada antes do financiamento fraudulento, o réu poderia vir a ser processado com base na teoria da *deepening insolvency*. Isto sem prejuízo das demais ações judiciais contra os administradores por quebra dos deveres fiduciários.

Os requisitos para se aplicar essa teoria são diferentes, de acordo com a jurisdição estadual. Em alguns estados norte-americanos, exige-se a ocorrência de fraude. Em outros, a mera constatação de negligência é suficiente.

É importante observar que os autores de uma ação baseada na teoria da *deepening insolvency* contra administradores devem superar a *business judgment rule*. Isto porque, como se mencionou, a presunção é que, ao tomar a decisão, os administradores atuaram de maneira informada, com boa-fé e acreditando que a ação tomada era do melhor interesse da companhia. Contudo, essa presunção é afastada se for demonstrado que a decisão discutida excede em muito os limites de um julgamento razoável, que parece que não pode ser explicada por qualquer outro motivo que não a existência de má-fé.

Destaca-se que o conjunto de réus em potencial tem sido cada vez mais expandido pela jurisprudência, para incluir todos aqueles que estavam engajados em negócios com companhia potencialmente em dificuldades financeiras, tais como advogados, contadores, auditores, assessores financeiros, bancos de investimento, credores, *underwriters*, acionistas controladores e partes em contratos importantes.

Questões de automonitoramento

1. Após ler o capítulo, você é capaz de resumir o caso gerador do capítulo 6, identificando as partes envolvidas, os problemas atinentes e as possíveis soluções cabíveis?
2. Atualmente, as sociedades limitadas podem ter no corpo de sua administração um gerente delegado?
3. Quais são as competências do administrador e onde elas devem estar estabelecidas?
4. Por que a definição clara e precisa do objeto social da sociedade é tão importante para fins de apuração de responsabilidade do administrador por atos praticados em nome da sociedade?
5. Pense e descreva, mentalmente, o que alegam os defensores da teoria *ultra vires societatis* e o que defendem os doutrinadores que adotam a teoria da aparência, no que tange à limitação dos poderes de administração.
6. Em sua opinião, qual das correntes deveria prevalecer e por quê?
7. Determine a função primordial do conselho fiscal na sociedade limitada.
8. Pense e descreva, mentalmente, alternativas para a solução do caso gerador do capítulo 6.

2

Sociedade limitada: relações internas da sociedade

Roteiro de estudo

Qualificação dos sócios

Os sócios de uma sociedade limitada tanto podem ser pessoas naturais quanto podem ser pessoas jurídicas. Nada impede, inclusive, que todos os sócios sejam pessoas jurídicas.

Em relação à qualificação dos sócios, entende-se que a ausência de seus nomes ensejará a anulação do contrato social (Lucena, 1996:102). A especificação da nacionalidade dos sócios é indispensável devido às restrições existentes na legislação brasileira acerca da participação de estrangeiros em algumas sociedades. Como exemplo, podemos mencionar o *caput* do art. 222 da Constituição Federal, que dispõe que empresas jornalísticas e de radiodifusão somente podem ser de propriedade de brasileiros natos ou naturalizados há mais de 10 anos, ou de pessoas jurídicas constituídas sob as leis brasileiras e que tenham sede no Brasil.[17]

O estado civil dos sócios pessoas naturais, bem como o regime de seus bens, são relevantes porque, exceto no regime da separação absoluta, o sócio casado somente poderá integralizar sua cota no capital social mediante a conferência de bens imóveis se houver a respectiva outorga conjugal.[18]

O Código Civil, no art. 977,[19] veda a contratação de sociedade entre marido e mulher quando o regime de bens for o da comunhão universal ou, ainda, nos casos em que a separação é obrigatória. Busca-se evitar uma confusão patrimonial que burle o regime de bens do casamento. Há permissão expressa que autoriza a contratação de sociedade entre marido e mulher casados pelo regime da separação de bens e da comunhão parcial. Importante também salientar o entendimento do Departamento Nacional de Registro do Comércio de que não há incidência de tal regra àqueles cônjuges já associados no momento de entrada em vigência do Código Civil de 2002.[20] A Comissão de Direito de Empresa da III Jornada de Direito Civil, realizada pelo Conselho da Justiça Federal com o apoio do Superior Tribunal de Justiça, elaborou os seguintes enunciados:

---

[17] Art. 222: "A propriedade de empresa jornalística e de radiodifusão sonora e de sons e imagens é privativa de brasileiros natos ou naturalizados há mais de dez anos, ou de pessoas jurídicas constituídas sob as leis brasileiras que tenham sede no País" (redação dada pela Emenda Constitucional nº 36, de 2002).
[18] Novo Código Civil Brasileiro:
"[...]
Art. 1.647. Ressalvado o disposto no art. 1.648, nenhum dos cônjuges pode, sem autorização do outro, exceto no regime da separação absoluta:
I – alienar ou gravar de ônus real os bens imóveis. [...]" Mesma regra está contida no art. 35 da Lei nº 8.934/1994.
[19] "Art. 977. Faculta-se aos cônjuges contratar sociedade, entre si ou com terceiros, desde que não tenham casado no regime da comunhão universal de bens, ou no da separação obrigatória."
[20] Pareceres nº 50/2003 e nº 125/2003 do Departamento Nacional do Registro do Comércio.

204 – A proibição de sociedade entre pessoas casadas sob o regime da comunhão universal ou da separação obrigatória só atinge as sociedades constituídas após a vigência do Código Civil de 2002.

205 – Adotar as seguintes interpretações sobre o art. 977:

1) a vedação à participação de cônjuges casados nas condições previstas no artigo refere-se unicamente a uma mesma sociedade;

2) o artigo abrange tanto a participação originária (na constituição da sociedade) quanto derivada, isto é, fica vedado o ingresso de sócio casado em sociedade de que já participa o outro cônjuge.

A indicação da profissão do sócio é necessária para que sejam verificados eventuais impedimentos em razão de sua profissão. Como exemplo, podemos pensar nas sociedades uniprofissionais.

Igualmente importante é a questão da capacidade. Como melhor exemplo, podemos citar a situação do menor. A lei é omissa no que diz respeito à possibilidade de o menor integrar quadros sociais. De acordo com o entendimento majoritário, o menor pode ser sócio, desde que o capital social esteja integralizado, que ele esteja assistido ou representado e que não exerça a administração da sociedade, salvo se emancipado for.

A cessão de cotas nas sociedades limitadas

A cota consiste numa parcela indivisível do capital social. Dela decorrem dois tipos de direitos, quais sejam, patrimoniais e pessoais, sendo os últimos relacionados ao *status* de sócio. Os sócios de uma sociedade limitada poderão optar por uma estrutura fechada ou por uma estrutura aberta, de acordo com a rigidez de regras sobre a vida social.

Dessa forma, a lei facultou aos sócios disciplinar em seu contrato social as regras para a cessão de cotas. O contrato social especificará se as cotas são intransferíveis ou transferíveis e, na segunda hipótese, as condições em que a transferência pode ser operada. É direito dispositivo; logo, pode ser objeto de livre contratação, não sendo considerada qualquer imposição legal.

Nesse sentido o Código Civil dispõe, em seu art. 1.057:

> Art. 1.057. Na omissão do contrato, o sócio pode ceder sua quota, total ou parcialmente, a quem seja sócio, independentemente de audiência dos outros, ou a estranho, se não houver oposição de titulares de mais de um quarto do capital social.
> Parágrafo único. A cessão terá eficácia quanto à sociedade e terceiros, inclusive para os fins do parágrafo único do art. 1.003, a partir da averbação do respectivo instrumento, subscrito pelos sócios anuentes.

Assim, a cessão poderá ser livre inclusive para estranhos, sem sequer haver necessidade de aprovação unânime dos demais sócios, desde que refletida essa hipótese nos atos constitutivos da sociedade limitada.

Somente no caso de omissão do contrato social é que a lei estabelece que a cessão será aprovada na ausência de oposição de sócios representando um quarto do capital social.[21] A anuência deverá ser expressa, já que a lei exige a subscrição dos demais sócios no instrumento competente.

A cessão terá eficácia a partir da averbação do respectivo instrumento no registro público competente.[22]

---

[21] Interessante frisar que, em determinadas legislações estrangeiras, os sócios que não consentirem com a cessão ou a própria sociedade estariam obrigados a adquirir as cotas do cedente ou indicar outros adquirentes (Lucena, 2003:346).
[22] Junta comercial para os atos das sociedades empresárias e Registro Civil de Pessoas Jurídicas para os atos das sociedades simples.

O art. 1.003 do Código Civil (referido no art. 1.057 acima transcrito) disciplina de forma cogente a responsabilidade solidária entre cedente e cessionário, conforme se segue:

> Art. 1.003. A cessão total ou parcial de quota, sem a correspondente modificação do contrato social com o consentimento dos demais sócios, não terá eficácia quanto a estes e à sociedade.
>
> Parágrafo único. Até dois anos depois de averbada a modificação do contrato, responde o cedente solidariamente com o cessionário, perante a sociedade e terceiros, pelas obrigações que tinha como sócio.

Nos termos da redação acima, a responsabilidade perante a sociedade e terceiros com relação às obrigações assumidas pelo cedente como sócio perduram por até dois anos, e ambos, cedente e cessionário, serão solidariamente responsáveis. Por isso, é comum a celebração de documentos de garantia, nos quais são assegurados ao cessionário certos recursos ao cedente no caso de exigência de passivo não previsto no momento da cessão e que tenha origem anterior à transferência.

Cabe transcrever a ementa do acórdão proferido pela Segunda Câmara Cível, do Tribunal de Justiça do Estado do Rio de Janeiro, no julgamento de Apelação Cível referente ao Processo nº 2004.001.12681, julgado em 18 de agosto de 2004, tendo como relatora a desembargadora dra. Leila Mariano:

> Rescisão contratual. Alienação de quotas societárias e do fundo de comércio. Revelia. Efeitos: Alegação de inadimplência por parte dos cedentes.
>
> Não se pode dar à reconvenção a natureza múltipla de contestação, todavia, os efeitos da revelia devem ser mitigados ante a juntada de farta documentação que comprova as alegações feitas, na fase recursal, pelo revel. Compromisso das cedentes

de apresentação da documentação comercial, fiscal e trabalhista. Prova da entrega de documentos que os autores não demonstraram ser satisfatórios. Situação da empresa não desconhecida pelos adquirentes que assumiram o negócio, deixando de pagar os aluguéis, em razão do que foram as alienantes acionadas. Fato que se atribui também à omissão destes, que não comunicaram ao locador sua retirada da empresa. *Cessão pelos adquirentes a terceiros das cotas societárias. Negócio que não se aperfeiçoou ante os débitos pendentes.* Ausência de nexo causal entre a possível falta de documentação e o insucesso do empreendimento a justificar a rescisão. *Recebimento pelas alienantes de cheques, em pagamento de parte do preço.* Improcedência de reconvenção, através da qual pretendem cobrar o débito, sendo os títulos hábeis a instruir ação monitória [grifos nossos].

Por fim, a cessão de cotas poderá ser feita por meio de uma alteração do próprio contrato social ou por instrumento particular ou público, cuja eficácia, perante a sociedade e terceiros, se dará com a sua averbação no registro competente. Tanto cedente quanto cessionário poderão levar a registro o referido ato (art. 1.151, §1º, do Código Civil), devendo esse pedido ser feito dentro de 30 dias da lavratura do ato em que foi aprovada a cessão.

Direito de retirada

Quando não deseja mais participar de uma sociedade, um sócio depara-se com duas alternativas. A primeira seria a cessão de sua participação para algum interessado em adquiri-la. Passadas as questões comerciais do negócio, assim como superadas as restrições legais ou contratuais que já abordamos nos itens acima, formaliza-se sua saída com a celebração de um instrumento de alteração contratual e sua averbação no registro público competente.

A segunda alternativa seria o exercício do direito de retirada pelo sócio. Nos dizeres de Coelho (2005a:434), "trata-se de direito inerente à titularidade de quotas sociais, denominado também de recesso ou dissidência". É prerrogativa legal do sócio desligar-se dos vínculos sociais por ato unilateral de vontade. Não há de se falar em negociação, mas apenas uma imposição à pessoa jurídica à sociedade, a qual deverá reembolsá-lo do valor de sua participação societária.

Em relação ao exercício do direito de retirada, a lei conferiu condições distintas para as sociedades limitadas, considerando a sua duração e as normas que regem o seu contrato social.

Nos termos do art. 1.029 do Código Civil Brasileiro, em sociedades limitadas regidas subsidiariamente pelas normas das sociedades simples e por prazo indeterminado, qualquer dos sócios pode se retirar bastando, para tanto, aviso prévio de 60 dias. Se essa mesma sociedade possuir tempo determinado de duração, seus sócios estarão obrigados a se manter vinculados durante todo o período.

A lei excepciona no art. 1.077 os casos em que, por motivo de discordância quanto a alteração contratual, incorporação ou fusão deliberadas em reunião, o sócio dissidente decide retirar-se da sociedade. Notar que essa liberação deverá ser autorizada judicialmente, de acordo com o referido art. 1.029.

Quanto ao exercício do direito de retirada com fundamento em modificação contratual, importante destacar a existência de entendimentos diversos. Enquanto alguns sustentam que uma simples modificação justificaria o exercício do direito, outros condicionam tal exercício à verificação de modificação substancial do contrato, como será demonstrado no item referente à resolução da sociedade em relação a um sócio.

Nas sociedades limitadas regidas supletivamente pelas regras das sociedades anônimas, o recesso é cabível nas mesmas circunstâncias do art. 1.077, quais sejam, dissidência quanto a alteração contratual, fusão ou incorporação, independentemente do prazo de duração. Ao eleger a Lei nº 6.404 (Lei das S.A.) como norma de regência, os sócios renunciam ao direito de retirada imotivada previsto no art. 1.029 do Código Civil. Por essa razão, far-se-á também necessária a ordem judicial autorizando o desligamento.

Com relação ao reembolso, este deverá ser calculado com base no patrimônio líquido da sociedade, apesar de os sócios poderem convencionar de forma diversa. Em muitos casos, os valores dão ensejo a diversas discussões. Nesse sentido frisamos que, apesar de a lei ser omissa, considera-se como momento do exercício do direito de retirada aquele em que é recebida, pela sociedade, a manifestação do sócio expressando seu desejo de se retirar. O balanço patrimonial especialmente elaborado para fins de reembolso deverá, portanto, ser levantado nessa mesma data.

Vale a pena destacar que, por trás dessa questão, há um conflito aparente de dispositivos constitucionais. Se por um lado existe o interesse social desdobrado no princípio da manutenção da empresa em razão dos empregos e tributos que ela agrega, por outro lado existe o direito à liberdade de associação, o qual permite a qualquer indivíduo se associar, assim como se desligar de uma associação.

Deliberações dos sócios

Com o Código Civil de 2002 regendo a nova teoria da empresa, determinadas matérias das sociedades limitadas passaram a ter que ser submetidas ao crivo da deliberação dos sócios. Trata-se de hipóteses que, por influírem profundamente nas relações sociais e na própria estrutura da sociedade, o legislador achou por bem que, necessariamente, emanassem de decisão dos sócios.

De acordo com o art. 1.071 do referido diploma legal, devem ser submetidas à reunião ou assembleia de sócios (conforme previsto no contrato social): (i) a aprovação de contas da administração; (ii) a designação dos administradores, quando feita em ato separado; (iii) a destituição dos administradores; (iv) o modo de sua remuneração, quando não estabelecido no contrato; (v) a modificação do contrato social; (vi) a incorporação, a fusão, e a dissolução da sociedade, ou a cessação do estado de liquidação;[23] (vii) a nomeação e destituição dos liquidantes e julgamento de suas contas; (viii) a aprovação de plano de recuperação judicial ou extrajudicial.

Sendo assim, para que sejam válidas as decisões concernentes a estas questões, é necessária a observância das formalidades legais para a convocação, instalação e funcionamento do fórum deliberativo e do quórum estabelecido para sua aprovação.

O Enunciado nº 226 da III Jornada do Conselho da Justiça Federal (CJF) entende ainda:

> A exigência da presença de três quartos do capital social, como *quorum* mínimo de instalação em primeira convocação, pode ser alterada pelo contrato de sociedade limitada com até dez sócios, quando as deliberações sociais obedecerem à forma de

---

[23] Cumpre salientar que a lei não menciona a cisão da sociedade limitada como matéria sujeita à deliberação assemblear. Embora não haja referência expressa, a cisão total acarreta a extinção da sociedade e a parcial alteração do contrato; por conseguinte, a decisão está contemplada nos incisos V e VI do art. 1.071. Segundo enunciado aprovado na III Jornada de Direito Civil, "o *quorum* mínimo para a deliberação da cisão da sociedade limitada é de três quartos do capital social".

reunião, sem prejuízo da observância das regras do art. 1.076 referentes ao *quorum* de deliberação.

Foro de deliberação: assembleia ou reunião de sócios

A assembleia de sócios, fonte do poder político e órgão máximo na organização social, não era regulada pelo Decreto nº 3.708/1919. O Código Civil disciplina este órgão de modo muito parecido com as assembleias de acionistas, guardando, no entanto, a natureza personalista da sociedade limitada.

A lei civil adota uma distinção entre reunião e assembleia de sócios. Esta será obrigatória para sociedades com mais de 10 sócios (art. 1.072, §1º, do Código Civil), devendo seu anúncio de convocação ser publicado em órgão oficial e em jornal de grande circulação por três vezes, ao menos, sendo a primeira com antecedência mínima de oito dias para a primeira convocação, e de cinco dias para as posteriores (art. 1.152, §3º).

De acordo com o art. 1.072, §2º, do Código Civil, estas formalidades são dispensáveis, ou a sua inobservância é sanada, quando todos os sócios comparecem ou declaram, por escrito, estar cientes do local, data, hora e ordem do dia.

De qualquer modo, a reunião ou a assembleia torna-se dispensável quando todos os sócios decidem, por escrito, sobre a matéria que seria objeto delas (art. 1.072, §3º).

Independentemente de previsão contratual, deverá ser realizada, ao menos uma vez por ano, a assembleia de sócios para deliberar sobre as matérias previstas no art. 1.078 (tomar as contas dos administradores e deliberar sobre o balanço patrimonial e o resultado econômico, entre outras). Esta assembleia, denominada pela doutrina como ordinária, deve realizar-se nos quatro meses seguintes ao término do exercício social. A aprovação sem reserva, pelos sócios, do balanço patrimonial e do resultado econômico exonera de responsabilidade os membros da administração e, se houver, os do conselho fiscal, salvo erro, dolo ou simulação.[24] A competência para a convocação da assembleia é dos administradores. Tal atribuição está inserida nos poderes gerais de administração. Excepcionalmente, poderão os sócios ter legitimidade para convocar assembleia nos casos previstos no art. 1.073, I, a saber:[25] a) quando os administradores retardarem a convocação, por mais de 60 dias, nos casos previstos em lei ou no contrato; b) se titulares de mais de 20% do capital social houverem formulado aos administradores pedido de convocação fundamentado, com indicação das matérias a serem tratadas, e este não houver sido atendido no prazo de oito dias.

O conselho fiscal, se houver, também poderá convocar a assembleia se os administradores retardarem a convocação da assembleia anual por mais de 30 dias, ou sempre que ocorrerem motivos graves e urgentes (art. 1.069, V).

Note-se que não haverá necessidade de o conselho fiscal aguardar o decurso dos 30 dias se a convocação for para assembleia extraordinária, pois esta não versa sobre nenhuma das matérias do art. 1.078.

---

[24] Nos termos do art. 1.078, §4º, o interessado em anular a deliberação eivada de vício de consentimento ou social perderá seu direito potestativo de anular a deliberação em dois anos.

[25] Sobre a legitimidade para convocação, acórdão recente do STJ reconheceu a validade de assembleia de sociedade limitada convocada pelo sócio titular de 50% do capital social. Embora a decisão seja fundamentada no antigo decreto, o referido acórdão menciona que o art. 1.073, I, do Código Civil também autoriza a convocação neste caso. Recurso Especial nº 493297/SP. Processo nº 2002/0160010-4. Julgado em 24 jun. 2003. Relator: ministro Ruy Rosado de Aguiar: "Sociedade limitada. No silêncio do contrato e do Decreto-Lei 3708/1919, admite-se a iniciativa do sócio detentor de 50% do capital social para a convocação de reunião ou assembleia de sócios (como já autorizado no novo Código Civil, art. 1.073, I), por se tratar de proposição do interesse da sobrevida da sociedade comprometida pela ruptura da *affectio societatis*. Não incidência da Lei 6404/76. Provimento para cassar a decisão que suspendeu a convocação".

A assembleia dos sócios instala-se com a presença, em primeira convocação, de titulares de, no mínimo, 3/4 do capital social, e, em segunda, com qualquer número de sócios.[26] O contrato pode ampliar este quórum de instalação mas, se o reduzir, a cláusula será nula.

A presença de sócios na assembleia em número suficiente não assegura a aprovação das matérias, pois é necessária, além do quórum de instalação, a observância do quórum de deliberação — este, estabelecido pelo art. 1.076 do Código Civil, podendo ser ampliado pelo contrato, mas, novamente, nunca diminuído.

O sócio não precisa comparecer pessoalmente à assembleia, podendo ser representado por outro sócio ou por advogado, mediante outorga de mandato com especificação dos poderes para os atos de deliberação. O instrumento do mandato deve ser levado ao registro da sociedade, juntamente com a ata da assembleia (art. 1.074, §1º).

Nenhum sócio, por si ou na condição de mandatário, pode votar matéria que lhe diga respeito diretamente (art. 1.074, §2º). Esta vedação busca evitar o conflito de interesses entre sócio e sociedade. Quando houver o conflito, o sócio não deve votar nem em seu nome, nem como mandatário de outro sócio ausente.

As formalidades procedimentais prescritas em lei para a assembleia das sociedades limitadas tornaram-se similares às das companhias, haja vista: (i) a indicação de presidente e secretário escolhidos entre os sócios presentes; (ii) a lavratura, pelo secretário, de uma ata dos trabalhos e deliberações no livro de atas da assembleia; (iii) o seu arquivamento no órgão de registro competente (art. 1.075).

---

[26] Segundo o Enunciado nº 226 da III Jornada da CCJ (2004), a "exigência da presença de três quartos do capital social, como quórum mínimo de instalação em primeira convocação, pode ser alterada pelo contrato de sociedade limitada com até dez sócios, quando as deliberações sociais obedecerem à forma de reunião, sem prejuízo da observância das regras do art. 1.076 referentes ao *quorum* de deliberação".

Embora a lei seja omissa, é muito importante que as presenças sejam registradas em livro próprio, para a verificação do quórum de instalação, pois pode ocorrer de o sócio divergente, vencido em votação, recusar-se a assinar o livro de atas, visando obstar o alcance do quórum necessário para a validade de certa deliberação. Nesses casos, deve-se lavrar a ata circunstanciando o acontecido, sendo a declaração dos demais sócios presentes e a lista de presença provas suficientes para promover o registro.

Quórum para deliberações

O art. 1.076 dispõe sobre o quórum de deliberação para aprovação das matérias submetidas à assembleia. Tendo em vista tratar-se de norma de ordem pública, este quórum não pode ser reduzido pelos sócios ou pelo contrato. Portanto, a deliberação tomada com quórum reduzido será anulável.

Além dos quóruns qualificados estabelecidos no art. 1.076, existem outros espelhados pela lei. Cumpre esclarecer que se denomina "quórum qualificado" quando, para aprovação da matéria, é necessária a concordância de mais do que a maioria dos sócios presentes à assembleia ou à reunião. Isto porque, no Código Civil de 2002, também prevaleceu o princípio geral da maioria, como se extrai do art. 1.072 combinado com o art. 1.010, sendo certo que, em caso de empate, prevalecerá a decisão sufragada por maior número de sócios, e, se este persistir, a questão será decidida por via judicial.

A princípio, a discordância de um sócio da decisão majoritária não lhe confere o direito de retirada, salvo nos casos previstos em lei (art. 1.077 do Código Civil). Contudo, quando houver modificação do contrato, fusão da sociedade, incorporação de outra, ou dela por outra, terá o sócio que dissentiu o direito de retirar-se nos 30 dias subsequentes à reunião ou assembleia onde ficou vencido.

Resolução da sociedade em relação a um sócio

São quatro as formas de resolução da sociedade em relação a um sócio:

❏ consensual;
❏ denúncia unilateral pelo sócio — art. 1.029 do Código Civil;
❏ recesso de sócio — art. 1.077 do Código Civil;
❏ exclusão de sócio — arts. 1.085 e 1.030 do Código Civil.

Assim, passemos à breve análise de cada uma destas modalidades.

Consensual

A saída de sócio pode se dar de forma consensual, acordando as partes sobre o desligamento e sobre o montante cabido ao sócio retirante, a título de haveres. Nesse caso, a saída será contemplada em alteração contratual. Na prática, podem as partes preferir não resolver o contrato em relação ao sócio retirante, caso em que os sócios remanescentes podem adquirir as cotas daquele que se desligou, mediante cessão de cotas, observado o contrato social ou, na omissão deste, o art. 1.057 do Código Civil.

Denúncia unilateral pelo sócio

O art. 1.029 do Código Civil, relativo às sociedades simples, prevê a possibilidade de retirada do sócio por simples manifestação unilateral de sua vontade, nas sociedades de prazo indeterminado.

Em conformidade com tal dispositivo, foi consolidado o Enunciado nº 390 da IV Jornada do Conselho da Justiça Federal, em 2006, que dispõe que, em "regra, é livre a retirada de sócio nas sociedades limitadas e anônimas fechadas, por prazo indeterminado, desde que tenham integralizado a respectiva parcela do capital, operando-se a denúncia (arts. 473 e 1.029)".

Assim, caso não mais interesse a um dos sócios o vínculo contratual, seja pela quebra de *affectio societatis* ou por qualquer outro motivo, poderá este se retirar da sociedade. Para tanto, basta notificar os demais sócios, com antecedência mínima de 60 dias, não sendo necessário declarar a justa causa do ato, porque a lei não o exige. Por outro lado, contratada a sociedade por prazo determinado, a solução será diversa. O recesso de sócio dependerá de ação judicial, em que deverá, para lograr êxito em sua pretensão, provar justa causa (art. 1.029, parte final).

Direito de recesso

A retirada de um sócio da sociedade pode se dar de forma consensual, com ou sem redução do capital social, considerando-se a possibilidade de os sócios remanescentes tomarem para si as cotas do sócio retirante. Pode ainda haver a retirada de sócio mediante a cessão de cotas, respeitando a disciplina do contrato social, ou, no caso de omissão deste, com base no art. 1.057 do Código Civil.

Paralelamente a isso, se não houver consenso quanto à saída, será assegurado ao sócio o direito de retirar-se da sociedade a qualquer tempo, caso esta seja por prazo indeterminado, mediante notificação prévia de 60 dias. Em sendo uma sociedade por prazo determinado, pode o sócio exercer seu direito de retirada, desde que comprovada *judicialmente* a "justa causa".[27]

Tal regime se dá pela natureza contratual da limitada, onde o desentendimento entre os sócios pode tornar insustentável a vida em sociedade e o desenvolvimento da atividade. É essa ruptura da *affectio societatis* que fundamenta o direito de re-

---

[27] Art. 5º, XX, da CFRB e art. 1.029 do Código Civil.

tirada, que deve respeitar exatamente a forma de contratação da sociedade.

Isso fica claro quando pensamos na sociedade limitada por prazo indeterminado e no princípio de que ninguém é obrigado a manter-se vinculado por prazo indeterminado contrariamente a sua vontade (Campinho, 2005:204). Assim, para retirar-se nessas condições, o sócio dissidente sequer precisa justificar sua saída.

Nos termos do art. 1.077 do Código Civil, o exercício do direito de recesso, também conhecido como retirada, assegura ao dissidente o recebimento de seus haveres, apurados de acordo com o contrato, devendo a cláusula contratual estar em consonância com o princípio do enriquecimento lícito.[28]

No silêncio do sócio dissidente, aplica-se a regra do art. 1.031, isto é, se liquidará a cota com base na situação patrimonial da sociedade, à data da resolução, verificada em balanço especialmente levantado. A cota liquidada será paga em dinheiro, no prazo de 90 dias a partir da liquidação, salvo acordo ou estipulação contratual em contrário.

Dúvida se coloca quanto à extensão do termo "modificação do contrato social". Toda e qualquer modificação no contrato, até mesmo uma simples correção em erro reiterado na soma do capital social, ensejaria o direito de recesso por justa causa?

Carvalhosa (2003b:245-246) defende que a modificação terá que ser substancial:

> Nessa ampla hipótese de alteração do contrato social, impõe-se o princípio da justa causa, consubstanciado na existência de

---

[28] Enunciado nº 392 da VI Jornada de Direito Civil do CJF: "Nas hipóteses do art. 1.077 do Código Civil, cabe aos sócios delimitarem seus contornos para compatibilizá-los com os princípios da preservação e da função social da empresa, aplicando-se, supletiva (art. 1.053, parágrafo único) ou analogamente (art. 4º da LICC), o art. 137, §3º da Lei das Sociedades por Ações, para permitir a reconsideração da deliberação que autorizou a retirada do sócio dissidente".

alterações que diminuam os direitos patrimoniais ou sociais do sócio retirante, como será, v.g., o aumento ou a diminuição do capital social (arts. 1.081 e ss). Não pode, portanto, prevalecer o direito de retirada sob o pretexto de qualquer modificação do contrato social, quando for irrelevante.

Argumentos contrários ocorrem no sentido de que caberia à lei fazer a ressalva quanto a esta suposta substancialidade, ou discriminar os casos em que a modificação contratual ensejaria o direito de recesso.

"Não pode o intérprete ler a cláusula, ao querer de alguns, como se ela apenas se reportasse às alterações do contrato social que digam respeito à estrutura básica da sociedade, isto é, a seus elementos essenciais" (Lucena, 2003:690). No mesmo sentido, preceituou Sztajn (1998:74): "Modificar essa regra será restringi-la dando à maioria a faculdade de alterar o contrato, sem que o dissidente possa deixar a sociedade".[29]

Outra questão polêmica gira em torno da renunciabilidade deste direito. A maioria da doutrina entende que o direito de retirada é disponível, no sentido de que pode ser ampliado pelo contrato social ou renunciado *in casu*, visto que não é direito essencial e intangível do sócio. Todavia, é irrenunciável de forma abstrata e universal, dispondo o ato de constitutivo, ou acordo de cotistas, acerca da não incidência do art. 1.077 sobre aquela sociedade (Lucena, 2003:695; Carvalhosa, 2003b:252; Lobo, 2004:234).

A retirada não exonera o sócio de responder pelas obrigações sociais anteriores ao ato, por dois anos, se averbado no registro tal ato societário. Caso não haja a referida averbação,

---

[29] Cabe ressaltar que, após o Código Civil de 2002, a maioria citada por Rachel Sztajn deve ser compreendida como a maioria qualificada, ou seja, 3/4 do capital social.

o retirante responde pelos atos posteriores até dois anos de sua saída.[30] Não fica ele livre, também, da responsabilidade solidária quanto à integralização do capital social e nem quanto às dívidas junto à seguridade social, contraídas enquanto era sócio.

Exclusão de sócio

O Código Civil de 2002 (art. 1.058) manteve a única previsão de exclusão de sócio constante do Decreto nº 3.708/1919 (art. 7º), pertinente ao sócio remisso. Como já referido, em legítima preocupação de proteger a integralidade do capital social, admite-se a exclusão do sócio na falta de integralização das cotas subscritas.

Inovou a lei civil, entretanto, prevendo a possibilidade de excluir o sócio que tornar impossível ou colocar em risco a continuidade da empresa, tanto por via contratual, se preenchidos os requisitos legais (art. 1.085), quanto por via judicial (art. 1.030, ressalvado pelo art. 1.085). Isto porque, além da reconhecida importância das prestações pecuniárias para o financiamento das atividades sociais, muitas vezes o caráter *intuitu personae*, presente em maior ou menor grau nas limitadas, demandará a estipulação, no contrato social, de obrigações dos sócios de natureza não patrimonial. Tais obrigações, uma vez descumpridas, podem tornar impossível ou colocar em risco a continuidade da empresa (Vieira e Reis, 2003:46).

Neste sentido foi importante ter o Código Civil disciplinado expressamente a exclusão de sócio de sociedade limitada por causas justas, e não apenas pecuniárias. Retrocede, todavia, exigindo previsão específica de justa causa para que a exclusão possa ser efetuada extrajudicialmente. Trata-se de retrocesso

---

[30] Art. 1.032 do Código Civil.

na medida em que, antes do Código Civil de 2002, a matéria já estava superada, havendo consenso doutrinário e jurisprudencial em que: (i) não havia necessidade de cláusula expressa no contrato social autorizativa da exclusão; e (ii) a exclusão somente podia assentar-se em justa causa (Lucena, 2003:730, 735). Quanto a este último, a lei positivou o entendimento doutrinário, mas perdeu oportunidade de conceituar o termo *justa causa*, razão de ensejo para divergências doutrinárias e, certamente, jurisprudenciais.

Note-se que exclusão de sócio poderá ser: (i) por justa causa ou por demais causas previstas em lei; (ii) judicial ou extrajudicial; e (iii) em relação a sócio minoritário ou majoritário, sendo certo que, quanto a este último, a exclusão será realizada apenas e tão somente por via judicial.

A exclusão por justa causa e do sócio remisso será sempre proveniente do descumprimento de um dever, seja este de natureza patrimonial ou pessoal. Trata-se de modos de rompimento do vínculo societário exclusivos das sociedades contratuais. "A rigor, está-se diante de ato jurídico muito comum, que é a rescisão do contrato por culpa de uma das partes. Como qualquer contratante, o sócio da limitada que descumpre as obrigações contratadas[31] dá ensejo à rescisão do contrato" (Coelho, 2003a:132).

Por outro lado, as demais hipóteses de exclusão são expressamente estabelecidas pela lei não como uma punição pelo descumprimento de deveres sociais, mas como medida tutelar de interesses de terceiros, ou mesmo para impedir eventuais prejuízos à sociedade.

---

[31] É importante ter claro que estas obrigações não necessariamente estarão expressas no contrato social, podendo, ainda, ser negativas ou positivas.

Procedimento extrajudicial — Exclusão de pleno direito

O atual Código Civil, em seu art. 1.030, §1º, estabelece duas hipóteses de exclusão de sócio que se operam de pleno direito, quais sejam (i) a decretação de falência do sócio e (ii) a liquidação da cota a pedido do credor. Primeiramente, vale lembrar que estas disposições, apesar de estarem previstas entre as regras específicas de sociedade simples, aplicam-se a todas as limitadas, inclusive às regidas supletivamente pela da Lei das S.A., uma vez que, como mencionado, o art. 1.030 foi ressalvado pelo art. 1.085.

As hipóteses mencionadas neste item são causas de exclusão de sócio *de pleno direito*, uma vez que esta é impositiva, se opera extrajudicialmente e independe da vontade dos sócios. Tendo em vista que seu fundamento é a proteção de interesses de terceiros (a massa falida ou credor do sócio), a sociedade e os demais sócios não podem se negar a efetivá-la.

Procedimento extrajudicial — Exclusão por justa causa

De acordo com o Código Civil de 2002, são duas as hipóteses de exclusão por via extrajudicial que não se operam de pleno direito: (i) a exclusão de sócio minoritário remisso e (ii) por justa causa. Como sobre sócio remisso já discorremos anteriormente, enfoquemos, desde logo, o já referido art. 1.085, começando pelo *caput*, que reúne elementos conceituais do instituto da exclusão, enquanto o parágrafo único regula o procedimento *interna corporis*:

> Art. 1.085. Ressalvado o disposto no art. 1.030, quando a maioria dos sócios, representativa de mais da metade do capital social, entender que *um ou mais sócios estão pondo em risco a continuidade da empresa, em virtude de atos de inegável gravidade*,

poderá excluí-los da sociedade, mediante alteração do contrato social, *desde que prevista neste a exclusão por justa causa.*

Parágrafo único. A exclusão somente poderá ser determinada em reunião ou assembleia especialmente convocada para esse fim, ciente o acusado em tempo hábil para permitir seu comparecimento e o exercício do direito de defesa [grifos nossos].

Nesse diapasão, caso o contrato social admita expressamente a possibilidade de exclusão do sócio por justa causa, basta que se alcance o quórum mínimo previsto no *caput* do art. 1.085, em assembleia especialmente convocada, resguardado o direito ao contraditório do sócio faltoso, para que o mesmo seja excluído.

Dúvida surge, entretanto, com relação à definição do termo *justa causa*, haja vista a omissão legal. Coelho entende que, não obstante a lei brasileira não o explicite, é possível sustentar que o sócio tem, perante os demais e a própria sociedade, um dever de lealdade, advindo da noção geral de colaboração para o sucesso do empreendimento comum.[32] Assim, a atitude desleal do sócio, configurada quando "seu comportamento prejudica o pleno desenvolvimento da empresa explorada pela sociedade", por si só enseja a expulsão por justa causa (Coelho, 2003a:129-130).

Também se verifica o entendimento no sentido de que

> a *justa causa* estaria configurada com o inadimplemento de qualquer dos deveres dirigidos aos sócios, seja do princípio geral da contribuição pecuniária, seja das demais obrigações que lhes são imputadas em decorrência de disposição no contrato social, ou mesmo de sua posição na sociedade [Vieira e Reis, 2003:47].

---

[32] No mesmo sentido: Campinho (2005:214); Leães (1995:90-91).

Carvalhosa (2003b:313-314), comentando o artigo ora tratado, esclarece:

> Deve considerar-se como de inegável gravidade com relação à sociedade, em primeiro lugar, todo ato de sócio que viole a lei. Também será ato de natureza grave a violação ou o inadimplemento contratual que resultar na quebra da *affectio societatis*, porque põe em risco o desenvolvimento do escopo comum que é o desenvolvimento das atividades sociais.
>
> Além disso, representa ato de inegável gravidade a ação ou omissão de um sócio, que, mesmo sem constituir violação da lei ou do contrato social, provoque grave dissídio no corpo social, implicando também a quebra do *affectio societatis*. Quando os interesses estão desagregados do escopo comum, põe-se em risco a harmonia do corpo social, podendo prejudicar o desempenho dos negócios e a continuidade da empresa.

É, ainda, fundamental verificar se ao sócio que se deseja excluir pode ser imputada a culpa pelo ato eventualmente ensejador da exclusão (Carvalhosa, 2003b:313-314).

Pelo mesmo caminho, segue Lucena (2003:775-776):

> Ao de início cumpre fazer uma distinção. Se a discórdia entre os sócios surge porque um deles obrou em infração da lei ou do contrato, tornando-se sócio remisso, prevaricador, concorrente desleal, etc., sua exclusão já encontra em tais atos a "causa justificada/justa causa" para o ato expulsivo (Cód. de Comércio, art. 339; CC/2002, art. 1.085), sem necessidade de se recorrer à alegação de desarmonia entre eles, para justificar a exclusão.
>
> A discórdia entre os sócios há assim de resultar não de atos ou fatos que por si só já autorizam a exclusão, mas sim de atos ou fatos que, se erigirem independentemente em justa causa para exclusão, acabam por gerar grave desinteligência entre eles, de tal arte a pelo menos colocar em risco a realização do objeto

social e a consecução do objetivo comum dos sócios, que é o de auferirem e partilharem um proveito econômico.[33]

Constata-se, assim, que alguns casos de grave discórdia entre os sócios, ou a quebra do *affectio societatis,* também são vistos por alguns autores[34] como causa justificada para exclusão extrajudicial de minoritário. Deve-se atentar, porém, como bem disse Carvalhosa (2003b), para a possibilidade de "ser imputada a *culpa* pelo ato eventualmente ensejador da exclusão" ao sócio que se deseja excluir. Trata-se de questão muito delicada, uma vez que a discórdia entre os sócios pode se dar por culpa de ninguém, ou mesmo por culpa do majoritário.

Portanto, devemos ter muita prudência em se tratando de exclusão extrajudicial por quebra de *affectio societatis,* de modo a evitar arbitrariedades por parte da maioria.

É importante ter claro que a forma contratual de exclusão de sócio somente se justifica se fundamentada em ato culposo do sócio, donde se conclui que, se a maioria societária não quer mais continuar a sociedade com o minoritário cumpridor de seus deveres, resta-lhes apenas a via de rescisão negociada do contrato social.

Nesse passo, cabe ao sócio minoritário expulso, entendendo que não descumpriu nenhuma de suas obrigações de sócio,

---

[33] O autor exemplifica casos de grave desinteligência entre os sócios que não decorrem de violação da lei ou do contrato social. Para tanto, invoca as causas (que, segundo ele, "mais lembram aquelas determinantes da dissolução da sociedade conjugal") elencadas por Soares de Faria e Priscila Maria Pereira Corrêa da Fonseca, esta última em conferência sobre "Exclusão de sócio" proferida na Associação dos Advogados de São Paulo, em curso sobre sociedades por cotas de responsabilidade limitada, em 20 de outubro de l987. Escreveu Soares de Faria (1926:26): "Entre os fatos que justificam a exclusão, se no contrato figurasse o motivo genérico de desacordo entre os sócios, citam-se, entre outros, os seguintes: a) injúrias proferidas contra outro sócio; b) adultério de um dos sócios com a mulher do outro; c) maus-tratos de um dos sócios com o outro; d) excessiva vigilância da parte de um dos sócios sobre a contabilidade do outro, ou reciprocamente, os subterfúgios empregados por um sócio para subtrair-se ao controle dos outros; e) desacordo sobre uma importante iniciativa a ser tomada [...]".
[34] Ver Lucena (2003:775-779); Carvalhosa (2003b:313-314); Teixeira (1956:275); Leães (1995:95).

se lhe interessar o reingresso na sociedade, demonstrar em juízo, em sede de ação desconstitutiva da alteração contratual, a inexistência de fundamento válido para rescisão do contrato em relação a ele (Coelho, 2003a:134-135).
Nas palavras de Campinho (2005:215):

> Ao sócio que foi excluído na forma do art. 1.085, assiste postular a anulação da alteração contratual, comprovando a ausência de causa justificadora para sua exclusão. A matéria, portanto, sempre ficará adstrita ao controle judicial,[35] bastando provocação por parte do minoritário excluído.

Uma vez deliberada a exclusão, não mais ostenta o sócio excluído legitimidade para requerer a dissolução total ou parcial da sociedade. Poderá pleitear tanto a anulação da deliberação social que o excluiu — com eventuais perdas e danos, caso pretenda continuar na sociedade — quanto, se não satisfeito com o valor atribuído a seus haveres, a correta apuração destes, com perdas e danos acaso ocorrentes, se não mais desejar integrar o quadro social (Campinho, 2005:749, 780).

Voltando aos requisitos de validade da exclusão extrajudicial, cumpre ressaltar a obrigatoriedade da previsão expressa, no contrato social, da possibilidade de exclusão por justa causa. Embora se possa considerar retrocesso ou formalismo excessivo, o sócio terá conhecimento, desde o seu ingresso na sociedade, da possibilidade de tal exclusão. Entende-se que a cláusula pode ser genérica, sem necessidade de explicitar as situações onde será aplicada a exclusão (Guimarães, 2003:111).

Com relação à realização de reunião ou assembleia de sócios especialmente convocada para esse fim, cabe salientar, à luz do

---

[35] Sobre o controle judicial da exclusão e do mérito do ato de exclusão, consultar Lucena (2003:750-763).

Código Civil, a importância da concessão do devido contraditório ao sócio, com vistas a evitar arbitrariedades pela maioria.[36] É condição de validade do ato que seja dada ciência da convocação ao acusado, para que possa comparecer e, querendo, defender-se. Não se pode olvidar o princípio universal de direito, segundo o qual toda acusação há de ser comunicada ao acusado, facultando-lhe o contraditório e a ampla defesa (art. 5º, LV, da Constituição Federal), que no caso são exercidos na reunião ou assembleia, nos termos do art. 1.085.

Entretanto, a eficácia do ato resta condicionada ao registro da alteração contratual no órgão competente. Uma vez efetuado tal registro, deverá ser liquidada a cota do sócio excluído, considerada pelo montante efetivamente realizado, com base na situação patrimonial da sociedade à data da resolução, situação esta verificada em balanço especialmente levantado, salvo se o contrato dispuser em contrário (art. 1.031, aplicado por força do disposto no art. 1086). O pagamento será em dinheiro, no prazo de 90 dias a partir da liquidação, salvo acordo ou estipulação contratual em contrário (art. 1.031, §2º).

Com a exclusão do sócio, o capital sofrerá a correspondente redução, salvo se os demais sócios decidirem entrar com os recursos correspondentes ao valor da cota liquidada (art. 1.031, §1º).

De acordo com o art. 1.032, de aplicação à limitada por força do art. 1.086, a exclusão do sócio não o exime, ou a seus herdeiros, da responsabilidade pelas obrigações sociais anteriores — até dois anos depois de averbada a resolução da sociedade em relação a ele — nem pelas posteriores em igual

---

[36] Nas palavras de Fábio Ulhoa Coelho, "é importante destacar que a expulsão do sócio não é medida de discricionariedade da maioria societária [...]. O sócio que cumpre a obrigação de integralizar a quota do capital social, nos prazos e pelos valores contratados, e observa o dever de lealdade não pode ser expulso. Não tendo o sócio ocorrido em ato culposo, não há fundamento para essa forma de rescisão do vínculo contratual" (Coelho, 2003a:132).

prazo, enquanto não se requerer a averbação. Se os sócios não providenciarem a averbação, o sócio excluído pode agir por si a fim de permitir o início da fluência do prazo de dois anos.

Lembre-se de que a não observância de quaisquer das formalidades legais supracitadas enseja ação declaratória de nulidade do ato (Campinho, 2005:215).

PROCEDIMENTO JUDICIAL

Caso o contrato não contemple cláusula permissiva de exclusão contratual, ou quando o sócio a ser expulso for majoritário, a exclusão será, necessariamente, judicial.

Dispõe o art. 1.030 do Código Civil, de aplicação às limitadas por força de ressalva feita no *caput* do art. 1.085, que poderá o sócio ser excluído judicialmente por falta grave no cumprimento de suas obrigações, ou, ainda por incapacidade superveniente, mediante iniciativa da maioria dos demais sócios.

Assim sendo, em contramão doutrinária e jurisprudencial, mesmo presentes os demais requisitos para exclusão de minoritário (que o sócio excluendo esteja pondo em risco a continuidade da empresa em virtude de atos de inegável gravidade, e atingido o quórum deliberativo de maioria), se não houver cláusula autorizativa de exclusão por justa causa, a exclusão será procedida judicialmente.

Discorrendo sobre o retrocesso que isso representa, principalmente tendo em vista a necessidade de se fortalecer o poder da sociedade de autotutelar seus próprios interesses, ainda que, para isso, tenha de se opor a seus próprios sócios, Lucena (2003:736) afirma:

> Incompreensível, de conseguinte, por mero formalismo, qual a omissão do contrato em incluir cláusula específica sobre a justa

causa autorizadora da exclusão, relegar-se para via judicial, sabidamente morosa, a apuração dos atos de inegável gravidade (sic, 1.085), que estão a travar as atividades empresariais da sociedade e que a aniquilarão antes mesmo do termo do processo.

Com relação à exclusão de sócio majoritário, embora não se refira a lei expressamente, nada impede que, se fundada em justa causa, seja requerida a exclusão da maioria em juízo. Sobre o tema, nos adverte Comparato (1997:47-48):

> No momento em que o fundamento para exclusão do sócio não é mais a autonomia da vontade, não é mais uma deliberação sem controle, sem justa causa, no momento em que esse fundamento é encontrado por último, em última análise, na preservação da empresa que está sendo afetada pela conduta irresponsável de um sócio, não me parece que devamos manter ainda a maioria com o arbítrio da situação.

A questão não havia, até recentemente, sido enfrentada pelos tribunais. O Superior Tribunal de Justiça, em verdadeiro *leading case*, deferiu a dissolução parcial da sociedade em favor da minoria, excluindo, portanto, a maioria do quadro societário.[37]

Lembre-se de que, nos termos do art. 1.030 do Código Civil, a iniciativa dependerá da vontade da maioria dos minoritários, computada segundo suas participações no capital.

Também no procedimento judicial se operará a dissolução parcial da sociedade mediante reembolso das cotas

---

[37] REsp nº 61.278-SP. Quarta Turma. Relator: min. Cesar Asfor Rocha. Julgado em 25 nov. 1997.

consideradas pelo montante efetivamente realizado pelo sócio inadimplente, com base na situação patrimonial da sociedade à data da dissolução, conforme balanço especialmente levantado (art. 1.031).

Tal como na exclusão por via extrajudicial, a exclusão do sócio não o exime, nem mesmo seus herdeiros, da responsabilidade pelas obrigações sociais anteriores ao evento, até dois anos depois de averbada a resolução da sociedade, nem pelas obrigações posteriores em igual prazo, enquanto não for requerida a averbação (art. 1.032).

Por fim, esclareça-se que qualquer que seja a forma da exclusão — judicial ou extrajudicial — somente será cabível se fundada em justa causa. Na verdade, a diferença significativa reside na distribuição do ônus da prova. Isto porque, na exclusão extrajudicial, o controle jurisdicional é realizado *a posteriori*, cabendo ao excluído provar em juízo que não descumpriu quaisquer de suas obrigações de sócio. Já na exclusão judicial, compete aos demais sócios provar a culpa dos sócios cuja expulsão pleiteiam (Coelho, 2003a:134).

Há, ainda, prevista pela lei, outra hipótese de exclusão de sócio, que depende de prévio procedimento judicial: a incapacidade superveniente do sócio (art. 1.030, *caput*). Isto porque, uma vez que inexiste autorização legal para que seja realizada a exclusão por meio de alteração contratual, a sociedade, para excluir o sócio que supervenientemente se tornou incapaz, depende de decisão judicial nesse sentido.

Por outro lado, vale destacar que não estão os sócios obrigados a promover a ação judicial se entenderem não ser prejudicial a seus interesses ou aos interesses da sociedade a incapacidade superveniente de seu sócio.

De todo modo, a respeito da exclusão do corpo social, destaca Tomazette (2004:141):

A votação é tomada pelo número de sócios, e não pela participação no capital social, porquanto é usada a expressão "maioria dos sócios"e não dos "votos", como consta do art. 1.010 do mesmo diploma, quando a votação é feita de acordo com a participação do capital social, e não por cabeça.

Importante ressaltar que em qualquer dos casos de saída do sócio, as cotas remanescentes poderão ser adquiridas pelos demais sócios, ou mesmo pela própria sociedade, segundo entendimento do Enunciado nº 391 da IV Jornada de Direito do CJF de 2006: "[A] sociedade limitada pode adquirir suas próprias quotas, observadas as condições estabelecidas na Lei das Sociedades por Ações".

Questões de automonitoramento

1. Após ler o capítulo, você é capaz de resumir os casos geradores do capítulo 6, identificando as partes envolvidas, os problemas atinentes e as possíveis soluções cabíveis?
2. Quais foram as alterações trazidas pelo Código Civil de 2002 no tocante aos *quora* de deliberação para as deliberações sociais?
3. Como funciona o direito de retirada nas sociedades limitadas, previsto no Código Civil de 2002?
4. Quais são as formas de exclusão extrajudicial do sócio de uma sociedade limitada?
5. Qual é o procedimento adotado para a exclusão judicial de um sócio de uma sociedade limitada?
6. Os sócios minoritários de uma sociedade limitada podem excluir o sócio majoritário da sociedade?
7. Quais são as responsabilidades do cessionário de cotas de uma sociedade limitada?

8. Quais seriam as regras aplicáveis para o exercício do direito de retirada por sociedades limitadas regidas subsidiariamente pelas regras das sociedades simples?
9. Pense e descreva, mentalmente, alternativas para a solução dos casos geradores do capítulo 6.

3

Sociedade anônima: a opção pelo modelo companhia

Roteiro de estudo

Sociedade anônima

Conceito

A evolução da economia capitalista nos últimos 40 anos tem sido comandada pelo fenômeno da concentração empresarial. Lamy Filho e Pedreira (1997:63-644) nos ensinam que este processo somente foi possível porque o modelo de companhia, que se difundiu a partir da Revolução Industrial, "revelou extraordinária aptidão como instrumento para reunir recursos financeiros, centralizar o poder nos grupos empresários e nas companhias e institucionalizar grandes organizações de produção".

Os autores prosseguem:

> O sucesso da sociedade por ações, desde o seu nascimento, em propiciar a concentração, em uma organização produ-

tiva, de capitais financeiros de grande número de pessoas, deve ser atribuído, em sua maior parte, às características da ação — participação societária criada mediante contribuição perpétua para o capital social, de pequeno valor unitário, livremente negociável e com limitada responsabilidade dos acionistas.

Também nesse sentido, ainda que com outro enfoque, Comparato (1970:13) em seu *Aspectos jurídicos da macroempresa*, estabelece que o capitalismo liberal concebeu a organização da sociedade anônima em "moldes análogos à Constituição de um Estado democrático, segundo o dogma político fundamental da Revolução Francesa: todo poder emana dos acionistas, e em seu nome é exercido".[38]

E é justamente essa organização dos direitos de acionistas em participações padronizadas, juntamente com a possibilidade de cada acionista ser proprietário de várias ações, que facilita a concentração de poder na companhia.

> Todos os acionistas têm o direito de participar — através do voto — da direção da companhia, mas muitos não têm condições para exercer esse direito, e a tendência é a especialização de alguns como participantes na direção e de outros como aplicadores de capital financeiro. O Princípio do voto majoritário na Assembleia Geral permite que um acionista (ou grupo de acionistas) reúna ações em número suficiente para determinar as deliberações da Assembleia Geral, e essa

---

[38] É este também o entendimento de Rippert (1972:593), *verbis*: "*La conception contractuelle, qui est à l'origine de la société, a imposé une forme démocratique. Les actionnaires, considérés comme des associés contractant entre eux, sont, à ce titre, le maîtres de la société et ils désignent des mandataires pour l'administrer; l'assemblée générale est réputée détenir le pouvoir suprême. Si on compare la société à un État, on dira qu'elle constitue un type de démocratie directe ou de gouvernement d'assemblée*".

concentração do poder de voto cria o fenômeno do controle da companhia — o exercício permanente do poder político por um acionista ou grupo de acionista [Lamy Filho e Pedreira, 1997:21].

Em suma, podemos caracterizar as sociedades anônimas como veículos societários hábeis a viabilizar a concentração de capitais necessária à consecução de grandes empreendimentos. E é justamente esta capacidade de investimento que Comparato (1970:21) entende como o verdadeiro fulcro do poder na grande empresa.

A participação societária mediante contribuição perpétua para o capital social, com uma unidade de pequeno valor unitário, livremente negociável e com limitada responsabilidade dos acionistas é amplamente assegurada pela Lei nº 6.404/1976 (Lei das Sociedades por Ações — LSA). Nesse sentido, dispõe o art. 1º da LSA:

> Art. 1º. A companhia ou sociedade anônima terá o capital dividido em ações e a responsabilidade dos sócios ou acionistas será limitada ao preço de emissão das ações subscritas ou adquiridas.

De fato, estes seriam, conforme Ascarelli, os princípios fundamentais da sociedade anônima, quais sejam, o da responsabilidade limitada e o da divisão do capital em ações.[39]

Assim, podemos conceituar a sociedade anônima como uma pessoa jurídica de direito privado, empresária, cujo capital

---

[39] *In verbis*: "Os dois princípios que podemos hoje considerar fundamentais, enquanto deles decorre a maior parte das normas da sociedade anônima, são o da responsabilidade limitada e o da divisão do capital em ações" (Ascarelli, 1999:459).

social se divide em ações de livre negociabilidade, limitando-se a responsabilidade dos subscritores ou acionistas ao preço de emissão das ações por eles subscritas ou adquiridas (Carvalhosa, 2009:4). Na verdade, a possibilidade de subscrição do capital social e de emissão de outros valores mobiliários mediante apelo ao público é, sem dúvida, a sua característica fundamental.

Cabe, ainda, destacar que a LSA, em vigor até os dias de hoje, sofreu alterações em seu texto original mediante a edição da Lei nº 9.457/1997, que teve como finalidade facilitar o processo de privatização das sociedades estatais. Posteriormente, foi promulgada a Lei nº 10.303/2001, que conferiu direitos adicionais aos acionistas minoritários e preferencialistas, com o objetivo final de fortalecer o mercado brasileiro de capitais por meio de estímulo aos investimentos em companhias abertas. Mais recentemente, a Lei nº 11.638/2007 determinou também profundas mudanças na forma das regras contábeis brasileiras. O objetivo principal foi harmonizar tais regras nacionais com os padrões definidos mundialmente, em especial os emitidos pelo International Standards Board (IASB).

Características gerais das S.A.

Divisão do capital em partes iguais

A companhia ou sociedade anônima terá o capital dividido em partes iguais, em regra de igual valor, denominadas "ações". O estatuto da S.A. fixará o número das ações em que se divide o capital social e estabelecerá se as ações terão, ou não, valor nominal,[40] que será o mesmo para todas as ações da companhia.

---

[40] Quando a lei diz que uma ação não possui valor nominal, não está querendo dizer que ela não tenha ou não represente um valor correspondente à fração do capital social,

As ações podem ser ordinárias, preferenciais, ou de fruição, conforme a natureza dos direitos ou vantagens que confiram a seus titulares.

As ações ordinárias são as que conferem a seus titulares, além dos direitos essenciais que a lei outorga (art. 109 da Lei das S.A.), o direito de voto. Assim, cada ação ordinária corresponde um voto nas deliberações da assembleia geral.

As ações preferenciais são as que conferem a seus titulares prioridade na distribuição de dividendos, prioridade no reembolso do capital ou na cumulação das vantagens acima enumeradas.

As ações de fruição — raras — são as que substituem as ações integralmente amortizadas.[41]

A partir da publicação da Lei nº 8.021, em 13 de abril de 1990, as ações do tipo nominativo tornaram-se uma modalidade única obrigatória, seja na forma escritural ou não, deixando de existir, portanto, as ações ao portador. As ações nominativas escriturais são aquelas que não são representadas por certificados, funcionando como uma conta-corrente, onde os valores são lançados a débito ou a crédito dos acionistas, não havendo movimentação física de documentos. Já as ações nominativas representadas por certificado apresentam, neste documento, o nome do acionista, e sua transferência é feita mediante a entrega da cautela e a averbação de termo no livro de ações nominativas da companhia emissora, identificando o novo acionista.[42]

---

mas sim que não se expressa nominalmente no seu texto um valor. Neste caso o valor nominal da ação será determinado pelo seu valor de mercado, que é a cotação que ela atinge de acordo com o seu prestígio.

[41] A amortização consiste na distribuição aos acionistas, a título de antecipação e sem redução do capital social, de quantias que lhes poderiam tocar em caso de liquidação da companhia.

[42] Disponível em: <www.cvm.gov.br>. Acesso em: 29 mar. 2010.

Responsabilidade do acionista limitada apenas ao preço das ações subscritas ou adquiridas

Uma vez integralizada a ação, o acionista não terá mais nenhuma responsabilidade adicional, nem mesmo em caso de falência, quando somente será atingido o patrimônio da companhia.

Segundo o art. 108 da Lei das S.A., os alienantes continuarão responsáveis, solidariamente com os adquirentes, pelo pagamento das prestações que faltarem para integralizar as ações transferidas dentro de um prazo de dois anos a contar da data da transferência das ações.

Capital social formado por dinheiro ou bens

O capital social da S.A. poderá ser formado com contribuições dos acionistas em dinheiro ou em qualquer espécie de bens suscetíveis de avaliação em dinheiro (art. 7º da Lei das S.A.).

A responsabilidade civil dos subscritores ou acionistas que contribuírem com bens para a formação do capital social será idêntica à do vendedor. Quando a entrada consistir em crédito, o subscritor ou acionista responderá pela solvência do devedor (art. 10 da Lei das S.A.).

Segundo o art. 80 do mesmo diploma legal, a realização de uma entrada de, no mínimo, 10% em dinheiro do valor das ações subscritas constitui requisito preliminar para a constituição da companhia.

Sociedade de capitais

Nas sociedades de capitais o que importa é a aglutinação destes, ou seja, o chamado *intuito pecuniae*, e não a pessoa dos acionistas, inexistindo o chamado *intuito personae*, característico das sociedades de pessoas. É o *intuito pecuniae* que assegura a livre negociabilidade ou a circulação das ações. Acontece que essa característica é típica das companhias abertas, uma vez que as companhias fechadas podem limitar essa livre negociabilidade e circulação das ações.

Nesse sentido, é a doutrina de Requião (1975:17):

> Afirma-se que as sociedades anônimas são constituídas com *intuitus pecuniae*. Não é bem assim, vale esclarecer. Nem todas as sociedades anônimas são constituídas tendo em consideração apenas o capital; muitas, a maior parte delas, se formam com o *intuitus personae*. Assim é no Brasil, e em outros países. A estrutura jurídica da sociedade anônima se presta, também, excelentemente, para os intuitos pessoais dos acionistas, inclusive tendo em consideração interesses de grupo familiar. A sociedade anônima pode formar-se, portanto, tendo em vista a pessoa dos sócios. Não visa, na sua constituição, somente à coleta de recursos financeiros no mercado para a formação do capital. Interessa-lhe, sobretudo, a permanência do grupo personalista.

O STJ manifestou-se recentemente no mesmo sentido, de certa maneira, defendendo a tese de que as sociedades anônimas podem ser constituídas em função de afinidades com os seus acionistas. Foi o conteúdo do acórdão dos embargos de divergência no REsp nº 111.294/PR, cujo relator foi o ministro Castro Filho, publicado no *DJ* de 10-9-2007:

> Embargos de divergência. [...] Direito comercial. Sociedade anônima. Grupo familiar. Inexistência de lucros e distribuição de dividendos há vários anos. Quebra da *affectio societatis*. Dissolução parcial. Possibilidade.

[...]

III – É inquestionável que as sociedades anônimas são sociedades de capital (*intuito pecuniae*), próprio às grandes empresas, em que a pessoa dos sócios não tem papel preponderante. Contudo, a realidade da economia brasileira revela a existência, em sua grande maioria, de sociedades anônimas de médio e pequeno porte, em regra, de capital fechado, que concentram na pessoa de seus sócios um de seus elementos preponderantes, como sói acontecer com as sociedades ditas familiares, cujas ações circulam entre os seus membros, e que são, por isso, constituídas *intuito personae*. Nelas, o fator dominante em sua formação é a afinidade e identificação pessoal entre os acionistas, marcadas pela confiança mútua. Em tais circunstâncias, muitas vezes, o que se tem, na prática, é uma sociedade limitada travestida de sociedade anônima, sendo, por conseguinte, equivocado querer generalizar as sociedades anônimas em um único grupo, com características rígidas e bem definidas.

Em casos que tais, porquanto reconhecida a existência da *affectio societatis* como fator preponderante na constituição da empresa, não pode tal circunstância ser desconsiderada por ocasião de sua dissolução. Do contrário, e de que é exemplo a hipótese em tela, a ruptura da *affectio societatis* representa verdadeiro impedimento a que a companhia continue a realizar o seu fim, com a obtenção de lucros e distribuição de dividendos, em consonância com o artigo 206, II, "b", da Lei nº 6.404/76, já que dificilmente pode prosperar uma sociedade em que a confiança, a harmonia, a fidelidade e o respeito mútuo entre os seus sócios tenham sido rompidos.

A regra da dissolução total, nessas hipóteses, em nada aproveitaria aos valores sociais envolvidos, no que diz respeito à preservação de empregos, arrecadação de tributos e desenvolvimento econômico do país. À luz de tais razões, o rigorismo legislativo deve ceder lugar ao princípio da preservação da empresa, preocupação, inclusive, da nova Lei de Falências — Lei nº 11.101/05, que substituiu o Decreto-Lei nº 7.661/45, então vigente, devendo-se permitir, pois, a dissolução parcial, com a retirada dos sócios dissidentes, após a apuração de seus haveres em função do valor real do ativo e passivo. A solução é a que melhor concilia o interesse individual dos acionistas retirantes com o princípio da preservação da sociedade e sua utilidade social, para evitar a descontinuidade da empresa, que poderá prosseguir com os sócios remanescentes. Embargos de divergência improvidos, após rejeitadas as preliminares.

E do conteúdo do REsp nº 507.490/RJ, cujo relator foi o ministro Humberto Gomes de Barros, publicado no *DJ* de 13-11-2006, assim ementado:

Recurso especial. Sociedade anônima. Pedido de dissolução integral. Sentença que decreta dissolução parcial e determina a apuração de haveres. Julgamento *extra petita*. Inexistência.

Não é *extra petita* a sentença que decreta a dissolução parcial da sociedade anônima quando o autor pede sua dissolução integral.

II – Participação societária do autor. Controvérsia. Definição postergada à fase de liquidação da sentença. Impossibilidade de exame da alegada ilegitimidade ativa.

1. A Lei 6.404/76 exige que o pedido de dissolução da sociedade parta de quem detém pelo menos 5% do capital social.

2. Se o percentual da participação societária do autor é controvertido nos autos e sua definição foi remetida para a fase de liquidação da sentença, é impossível, em recurso especial, apreciar a alegação de ilegitimidade ativa.

III – Sociedade anônima. Dissolução parcial. Possibilidade jurídica. Requisitos.

1. Normalmente não se decreta dissolução parcial de sociedade anônima: a Lei das S/A prevê formas específicas de retirada — voluntária ou não — do acionista dissidente.
2. Essa possibilidade é manifesta quando a sociedade, embora formalmente anônima, funciona de fato como entidade familiar, em tudo semelhante à sociedade por cotas de responsabilidade limitada.
IV – Apuração de haveres do acionista dissidente. Simples reembolso rejeitado no acórdão recorrido. Fundamento não atacado. Súmula 283/STF.
– Não merece exame a questão decidida pelo acórdão recorrido com base em mais de um fundamento suficiente, se todos eles não foram atacados especificamente no recurso especial.

No mesmo sentido é o Enunciado nº 390 do Conselho da Justiça Federal, segundo o qual:

> Art. 1.029. Em regra, é livre a retirada de sócio nas sociedades limitadas e anônimas fechadas, por prazo indeterminado, desde que tenham integralizado a respectiva parcela do capital, operando-se a denúncia (arts. 473 e 1.029).

Natureza empresária

A sociedade anônima, independentemente do seu objeto ou da forma pela qual organiza a sua atividade, será sempre "empresária" (parágrafo único do art. 982 do Código Civil). Somente as sociedades empresárias estão sujeitas à recuperação judicial ou extrajudicial e à falência (art. 1º da Lei nº 11.101/2005).

Necessidade de número mínimo de acionistas

A constituição da companhia depende, em regra, da "subscrição, pelo menos por 2 (duas) pessoas, de todas as ações em que se divide o capital social fixado no estatuto" (art. 80, inciso I, da Lei das S.A.).

Essa regra não se aplica à subsidiária integral, constituída mediante escritura pública, tendo como único acionista sociedade brasileira de qualquer tipo societário (art. 251 da Lei das S.A.) e nos casos de unipessoalidade incidental temporária (art. 206, inciso I, alínea "d", da Lei das S.A.).

No caso das sociedades anônimas abertas são necessários no mínimo três acionistas compondo o conselho de administração (arts. 138, §2º; 140 e 146 da Lei das S.A.).

DENOMINAÇÃO SOCIAL DESIGNATIVA DO OBJETO

A S.A. será designada por denominação acompanhada das expressões "companhia" ou "sociedade anônima", expressas por extenso ou abreviadamente, mas vedada a utilização da expressão "companhia" ao final. Poderá, porém, figurar na denominação o nome do fundador, acionista, ou pessoa que por qualquer outro modo tenha concorrido para o êxito da empresa (art. 1.160 do Código Civil e art. 3º da Lei das S.A.).

COMPANHIAS ABERTAS E COMPANHIAS FECHADAS

A LSA, em seu art. 4º, admite duas espécies de S.A.: as abertas e as fechadas. Segundo o teor do *caput* do referido artigo: "Para os efeitos desta lei, a companhia é aberta ou fechada conforme os valores mobiliários de sua emissão estejam ou não admitidos à negociação no mercado de valores mobiliários".

A diferenciação entre companhias abertas e fechadas é fundamental para o direito societário, pois o modelo de companhia aberta possibilita a captação de grande volume de capital através do acesso à poupança popular. De fato, é mediante a emissão pública de valores mobiliários, privativa das companhias abertas, que se permite o acesso da companhia ao mercado de capitais para a obtenção de recursos para investimentos. Assim, há atividades econômicas e grandes empreendimentos que exigem elevados recursos, demandando uma estrutura jurídica, mediante a constituição de uma sociedade anônima aberta, a fim de viabilizar a captação de elevados aportes de capital.[43]

De fato, um dos objetivos básicos do mercado de capitais constitui precisamente permitir a capitalização das sociedades anônimas pela transferência de riqueza dos agentes econômicos superavitários para os deficitários. Esta capitalização pode ser feita pela própria companhia aberta, mediante a emissão pública de valores mobiliários.[44]

A LSA terminou acentuando a diferença entre um tipo de sociedade anônima e outro, demonstrando maiores cuidados com o trato das companhias abertas e incentivando a abertura de capital.[45]

Tendo em vista que as sociedades anônimas fechadas não utilizam recursos provenientes da captação de poupança popular, os interesses dos acionistas e da própria companhia são regidos exclusivamente pelo estatuto social, dispensando-se a

---

[43] Basicamente, as sociedades dispõem de três fontes principais de financiamento de suas atividades: (1) autofinanciamento; (2) empréstimos junto ao setor financeiro público ou sistema bancário privado (recursos de terceiros); e (3) captação de recursos de acionistas ou do público mediante a emissão de valores mobiliários de natureza creditícia.

[44] A esse respeito, Fábio Ulhoa Coelho (2004:71) escreveu que "o mercado de capitais primário compreende as operações de subscrição de ações e outros valores mobiliários, enquanto o secundário, as de compra e venda".

[45] No Brasil, o número crescente de companhias que abrem capital ou fazem novos lançamentos de ações se deve também à ótima receptividade por parte dos investidores, especialmente os estrangeiros. "O mercado de capitais torna-se muito mais atraente para o investidor porque, com a queda dos juros, ele precisa diversificar a carteira para obter retorno sobre sua aplicação", observa Ricardo Lacerda, executivo-chefe do banco de investimento do Citigroup ("Motor aquecido para negócios" por Juan Garrido, artigo veiculado no site do *Valor Econômico*).

tutela do interesse coletivo mediante a ingerência estatal.[46] Ora, esse tipo congrega as vantagens da sociedade anônima com a falta da ingerência estatal típica do regime legal imposto às companhias abertas em vistas do acesso à poupança pública e à proteção aos investidores.

Nesse diapasão, válidas são as lições de Miranda Guimarães (1992:32):

> A companhia fechada reúne a vantagem relativa à responsabilidade limitada ao capital subscrito pelo sócio sem o caráter pessoal, sem estabelecer um número máximo ou mínimo; e concomitante estabelece-se favorável à administração de interesses de um grupo reservado. Se há um tipo de interesses de um grupo reservado. Se há um tipo de sociedade que responde à necessidade de uma situação na qual os membros, sem distinção, preocupados, sobretudo, em não correr o risco maior do que o próprio investimento, sem serem particularmente vinculados aos negócios da sociedade, e, ao mesmo tempo, não desejam dar publicidade ao seu capital, permanecendo seu controle dentro de um grupo reservado; esta é a sociedade anônima na sua forma fechada.

Adicionalmente, algumas peculiaridades acabam simplificando e barateando a administração e o controle das companhias fechadas, dando maior liberdade aos seus acionistas/administradores.

Nesse contexto, a lei faculta a emissão de ações de diferentes classes, que prevejam mesmo a possibilidade de votação em separado para o preenchimento de cargos administrativos

---

[46] A Instrução Normativa da CVM nº 480 criou a obrigatoriedade de informação sobre a remuneração dos administradores, porém o Ibef obteve liminar para afastar essa exigência.

da companhia fechada. Outras vantagens incluem a desnecessidade (i) de convocação de assembleias e (ii) de publicação de demonstrações financeiras, desde que a companhia fechada em questão tenha menos que 20 acionistas, com patrimônio líquido inferior a R$ 1 milhão, conforme o art. 294 da LSA.

No que tange às sociedades anônimas abertas, cumpre esclarecer que elas devem estar registradas na Comissão de Valores Mobiliários (CVM), sendo esta responsável pela regulamentação e fiscalização da atuação de tais companhias, que devem ser absolutamente voltadas à publicidade de seus atos. Uma companhia aberta é obrigada a ter suas demonstrações financeiras auditadas por auditor independente devidamente registrado na CVM.

EMISSÃO PÚBLICA DE VALORES MOBILIÁRIOS PELA COMPANHIA ABERTA

De acordo com o art. 19 da Lei nº 6.385, de 7 de dezembro de 1976 (Lei do Mercado de Valores Mobiliários), e art. 4º, parágrafo único, da Lei das S.A., toda emissão de valores mobiliários deve ser registrada previamente na CVM.

As normas que impõem a necessidade de registro da emissão pública na CVM apresentam nítida feição instrumental. O registro consiste basicamente no meio de proceder-se à prestação de informações à CVM, com vistas à sua divulgação ao público investidor. Logo, o registro da emissão está inserido no contexto mais amplo da política de *disclosure*, que consiste exatamente na divulgação de informações amplas e completas a respeito da companhia e dos valores mobiliários por ela publicamente ofertados (Eizirik, 1992:6).

Além disso, o *disclosure*, conforme vem sendo constatado em países europeus, constitui um mecanismo importante de proteção aos investidores, pois lhes permite, a partir da análise das informações, exercer um verdadeiro "controle de qualidade" com relação às companhias abertas e aos valores mobiliários de sua emissão, colocando-os, ademais, em posição de relativo equilíbrio frente aos acionistas controladores e administradores da companhia.

A CVM regulamentou a fiscalização de atos e fatos relevantes e políticas de *disclosure* mediante a Instrução CVM nº 358, de 3 de janeiro de 2002, a qual dispõe sobre a divulgação e uso de informações sobre ato ou fato relevante relativo às companhias abertas. Essa instrução (art. 2º) procurou abranger todo e qualquer fato potencialmente capaz de influenciar a decisão dos investidores. Trata-se, portanto, de um conceito flexível, devendo ser analisado à luz do caso concreto. De fato, a referida instrução traz uma lista exemplificativa de quais seriam esses atos ou fatos relevantes. Contudo, para verificarmos se estamos diante de um fato relevante não devemos nos prender à referida lista, mas sim verificar se aquele fato tem o condão de influir na decisão dos investidores ou no preço dos valores mobiliários. Caso afirmativo, o mesmo deve ser divulgado ao mercado o quanto antes.

Cabe destacar, a seguir, um trecho de uma decisão da CVM, na qual a ilustre comissão ressalta a importância da política de *disclosure* no âmbito do mercado brasileiro de capitais:

A política de *disclosure*, eixo fundamental em que assenta a regulação da CVM, objetiva assegurar aos investidores a disponibilidade de informações necessárias para que possam conscientemente orientar a aplicação de seus recursos. Para a obtenção desse objetivo, as informações prestadas pelas companhias devem ser claras, precisas e suficientes para a avaliação dos investidores. Além disso, a política de *disclosure* pressupõe que as informações sejam disponibilizadas de forma equitativa, coibindo-se assim, tanto quanto possível, a assimetria de informações e a figura nociva do *insider trading*.[47]

A captação de recursos junto ao público, por parte da companhia aberta, mediante a emissão pública de seus valores mobiliários, pressupõe necessariamente a participação de instituição financeira atuando como *underwriter*. A atividade do *underwriter* é bem mais ampla, estando diretamente relacionada à colocação pública de valores mobiliários no mercado.

Inicialmente o *underwriter* realiza um estudo de viabilidade econômica da emissão pública, levando em conta as características da companhia emissora e as condições do mercado de valores mobiliários naquele momento. Em seguida, uma vez tendo a companhia decidido efetivamente emitir publicamente seus valores mobiliários, desenvolve, em conjunto com ela, a montagem da operação, analisando o volume de títulos, as condições de liquidez do mercado para tais papéis etc. Posteriormente, deverá o *underwriter* assessorar a companhia em todas as etapas do desenvolvimento da operação: convocação e realização da assembleia geral ou da reunião do conselho de administração; registro na CVM; elaboração do prospecto de venda e de outros documentos publicitários a serem distribuídos ao público.

Uma vez montada a emissão e registrada na CVM, compete ao *underwriter* desenvolver o processo de efetiva colocação pública dos valores mobiliários, nos termos e condições contratados com a companhia emissora. Finda a colocação, é ainda desejável que o *underwriter* acompanhe a cotação dos papéis em bolsa, orientando a companhia quanto ao momento adequado para novos aumentos de capital (Eizirik, 1992:28).

---

[47] Processo CVM nº RJ 2005/1717. Reg. Col. nº 4689/2005. Interessada: Companhia de Bebidas das Américas (Ambev). Diretor-relator: Sergio Weguelin.

Vale ressaltar que o *underwriting* não pode ser exercido por qualquer pessoa, mas tão somente pelas instituições financeiras legalmente autorizadas para o exercício de tal atividade. Até porque será ele o agente fiduciário representante do conjunto de credores (como, por exemplo, debenturistas) no caso de emissão de valores mobiliários de crédito.

Em janeiro de 2010 entraram em vigor duas instruções da CVM: Instrução n$^{\underline{o}}$ 480, de 7 de dezembro de 2009, e Instrução n$^{\underline{o}}$ 481, de 17 de dezembro de 2009. A primeira dispõe sobre o registro de emissores de valores mobiliários admitidos à negociação em mercados regulamentados desses valores, e a segunda sobre informações e pedidos públicos de procuração para exercício do direito de voto em assembleias de acionistas.

As instruções n$^{\underline{os}}$ 480 e 481 marcam importante avanço na transparência do mercado de capitais brasileiro, exigem mais detalhes de informações para as companhias abertas e introduzem novos conceitos e paradigmas para as relações com investidores.

O novo modelo de registro imposto divide as companhias segundo os tipos de valores mobiliários de sua emissão que pretendam negociar. As empresas passam a ser classificadas em duas categorias de registro, conforme disposto no art. 2$^{\underline{o}}$ da ICVM n$^{\underline{o}}$ 480:

A – para quaisquer valores mobiliários; e

B – para valores mobiliários do emissor em mercados regulamentados, exceto ações e certificados de depósito de ações ou valores mobiliários que confiram ao titular o direito de adquirir ações e certificados de depósito de ações em consequência da sua conversão ou do exercício dos direitos que lhes são inerentes, desde que emitidos pelo próprio emissor das ações ou certificados, ou por uma sociedade pertencente ao grupo do referido emissor.

A Instrução CVM nº 481 objetiva garantir o fornecimento de informação adequada e suficiente aos acionistas no seu exercício de voto e regulamenta, pela primeira vez, os pedidos públicos de procuração. Ela também detalha as informações que devem ser obrigatórias na convocação de assembleias gerais para deliberar sobre assuntos de interesse especial das partes relacionadas, eleições de administradores e membros do conselho fiscal, reforma do estatuto, fixação de remuneração de administradores, entre outros assuntos.

A COMISSÃO DE VALORES MOBILIÁRIOS

A CVM, conforme instituída pela Lei nº 6.385, de 7 de dezembro de 1976,[48] é uma autarquia federal em regime especial, vinculada ao Ministério da Fazenda, com funções especificamente relacionadas ao mercado de títulos emitidos pelas sociedades anônimas. Tendo em vista que somente as sociedades anônimas abertas podem recorrer ao mercado para captação de recursos, a atuação da CVM encontra-se restrita, sendo, portanto, ilegítima toda e qualquer ingerência sua em companhias fechadas.

A CVM é órgão de deliberação colegiada composta por cinco membros, sendo um presidente e quatro diretores. São eles nomeados pelo presidente da República, depois de aprovados pelo Senado Federal. O mandato dos dirigentes é de cinco anos, vedada a recondução, e no seu decurso só podem ser exonerados do cargo a pedido (renúncia), por decisão judicial transitada em

---

[48] Art. 5º da Lei nº 6.385/1976: "É instituída a Comissão de Valores Mobiliários, entidade autárquica em regime especial, vinculada ao Ministério da Fazenda, com personalidade jurídica e patrimônio próprios, dotada de autoridade administrativa independente, ausência de subordinação hierárquica, mandato fixo e estabilidade de seus dirigentes, e autonomia financeira e orçamentária".

julgado ou por processo administrativo disciplinar, instaurado pelo ministro da Fazenda (Coelho, 2002:72).

A CVM tem função fiscalizadora, regulamentar, registrária, consultiva e de fomento. De acordo com Borba (2004:253 e segs.), a função fiscalizadora objetiva coibir abusos, fraudes e práticas não equitativas, bem como promover um fluxo permanente e correto de informações aos investidores.[49] No exercício dessas funções, poderá a CVM realizar inquéritos e punir administradores, acionistas controladores e intermediários do mercado que tenham agido de forma incorreta. A função regulamentar envolve a expedição de atos normativos (instruções) disciplinadores de "matérias expressamente previstas nesta lei [i.e., na Lei nº 6.385/76] e na lei de sociedades por ações".[50] A função registrária compreende basicamente duas modalidades de registro: (i) o registro da companhia aberta e (ii) o registro da emissão. O registro da companhia tanto poderá se fazer para negociação na bolsa como para negociação no mercado de balcão, sendo que o registro para a bolsa vale para o mercado de balcão, sem que a recíproca seja verdadeira. A sociedade, desde que registrada, passa a ser tida como companhia aberta, devendo, entretanto, proceder ao registro adicional de cada emissão de valores mobiliários que realizar no mercado de valores mobiliários. A função consultiva é exercida junto aos agentes do mercado e investidores, através dos chamados pareceres de orientação, os quais devem limitar-se às questões concernentes às matérias de competência da própria CVM.

A CVM tem ainda funções de fomento, cumprindo-lhe estimular e promover o desenvolvimento do mercado de valores mobiliários, para tanto encetando campanhas, seminários, estudos e publicações.

---

[49] Conforme ressaltado anteriormente no caso do *disclosure*.
[50] Art. 8º, inciso I, da Lei nº 6.385/1976.

O PODER DE CONTROLE NA SOCIEDADE ANÔNIMA

O controle pode ser definido como a prerrogativa possuída pelo titular de um poder superior de impor suas decisões sobre o titular de um poder inferior. Nesse sentido, a própria Lei das S.A. traz a definição de controlador da companhia como sendo aquele acionista, ou grupo de acionistas vinculados por acordo de voto, ou sob controle comum, que

> a) é titular de direitos de sócio que lhe assegurem, de modo permanente, a maioria dos votos nas deliberações da assembleia-geral e o poder de eleger a maioria dos administradores da companhia; e
> b) usa efetivamente seu poder para dirigir as atividades sociais e orientar o funcionamento dos órgãos da companhia.[51]

Esta definição do poder de dominação ou controle na sociedade anônima pode ser extraída da assembleia geral, pois dela participam e nela votam os acionistas. Segundo Comparato (1970:51), o controle interno, à primeira vista, "parece fundar-se, unicamente na propriedade acionária". Segundo o doutrinador, "sua legitimidade e intensidade dependeriam, em última análise, do número de ações ou votos de que se é titular, proporcionalmente à totalidade dos sufrágios possíveis".

O controle por meio de mecanismo legal ocorre quando exercido mediante a utilização de algum instrumento jurídico, sem que o controlador detenha a propriedade da maioria das ações de emissão da companhia em questão. Um dos mecanismos que permite este tipo de controle é o mecanismo piramidal. Este ocorre quando uma pessoa detém a maioria das ações de uma companhia que, por sua vez, detém a maioria das ações

---

[51] Art. 116 da Lei nº 6.404/1976.

de outra. Exemplificativamente, *verbis*: "Uma participação equivalente a pouco mais de 1/4, 1/8 ou 1/16, ou mesmo uma proporção ligeiramente inferior à do maior proprietário a ser controlado, é legalmente dominante" (Comparato, 1970:87). Neste mecanismo, o titular da maioria das ações da companhia que está no ápice da pirâmide pode ter um controle tão absoluto de toda a propriedade quanto um único proprietário, mesmo que sua participação seja 1% do total.

O controle minoritário existe quando um indivíduo ou pequeno grupo possui uma participação em ações suficiente para prevalecer nas assembleias de uma companhia, mesmo sem deter a maioria das ações com direito a voto. Esse controle é possível em virtude da ausência, nas assembleias, de um grande percentual de acionistas com direito a voto.

Por fim, o controle gerencial é aquele em que a propriedade está tão dispersa que nenhum indivíduo ou pequeno grupo tem sequer um interesse minoritário suficiente para dominar os negócios da companhia. Nesses casos, o controle tenderá a estar nas mãos daqueles que selecionam o comitê de procuradores, que, por sua vez, pode eleger os diretores para o período seguinte. Isto porque, tendo em vista que o voto pessoal deste acionista pouco ou nada conta na assembleia, tem ele três alternativas: (a) não votar; (b) votar pessoalmente; e (c) nomear um procurador, transferindo seu poder de voto a indivíduos selecionados pela administração da companhia que formam o comitê de procuradores (Berle e Means, 1988).

Martins (1984:89) ressalta que

> a tese fundamental de Berle e Means é a de que há uma separação entre controle da sociedade e propriedade das ações, não havendo relatividade entre ambos. De tal modo, a sociedade pode ser controlada não apenas por pequeno grupo de acionistas como mesmo por pessoas não acionistas, como acontece no caso de controle gerencial.

O controle gerencial detido pelos administradores, face à elevada concentração do capital, ainda é pouco frequente no Brasil.[52]

ÓRGÃOS DE ADMINISTRAÇÃO DA SOCIEDADE ANÔNIMA

Os órgãos administrativos são os que dão vida à sociedade (Borba, 2004:383). Conforme nos ensina Borba, o conselho de administração tem funções deliberativas e de ordenação interna, enquanto a diretoria exerce atribuições efetivamente executivas.

Vale ressaltar ainda que, na esfera da administração das companhias, os sistemas adotados universalmente são basicamente dois: (i) o unitário, caracterizado pela existência de apenas um órgão diretivo — a diretoria; e (ii) o bipartido (ou dualista), que distribui o exercício da administração entre dois órgãos diferenciados (conselho de administração e diretoria).

No mercado brasileiro o sistema dualista foi introduzido pelo legislador de 1976. Instituiu-se, então, para as companhias abertas e para as sociedades de economia mista, a obrigatoriedade de constituição de um conselho de administração, órgão societário independente e autônomo, situado entre a assembleia geral e a diretoria, tendo como atribuições principais a fixação da orientação geral dos negócios da companhia, a eleição da diretoria, a fiscalização da gestão dos diretores e a escolha e destituição dos auditores independentes. Convém observar que a existência do conselho de administração é facultativa em uma companhia fechada, desde que o seu estatuto social não

---

[52] Segundo dados da Bovespa, no final de 2007 o país contava com 34 companhias apresentando estrutura de capital social pulverizado, de um total de 688 companhias com registro de companhias abertas na CVM. Ver: <www.acionista.com.br/bovespa/110108_boletim_novomercado.pdf> e <www.cvm.gov.br/port/public/ASE/icvm/base_financeira/Companhias_Abertas.xls>. Acesso em: 29 mar. 2010.

disponha sobre um limite de capital autorizado, pois, nesta hipótese, a companhia fechada deverá também possuir um conselho de administração. A diretoria é obrigatória em toda sociedade anônima, sendo o órgão executivo da companhia, ao qual cabe a realização das metas e estratégias elaboradas pelo conselho de administração para a realização do objeto social. Faz-se imprescindível destacar que a representação da companhia perante terceiros compete privativamente à diretoria, na figura dos diretores, os quais podem ser acionistas ou não, diferentemente do que ocorre com os membros do conselho de administração, que necessariamente devem ser acionistas da sociedade anônima.

Cabe, ainda, destacar que o conselho fiscal é o órgão de assessoramento da assembleia geral na apreciação das contas dos administradores e na votação das demonstrações financeiras da sociedade anônima, sendo a sua existência obrigatória nas sociedades anônimas; seu funcionamento, entretanto, é facultativo.

Pequena sociedade anônima

Conforme bem salienta Requião (2005:32), embora a lei considere ser a "sociedade anônima" o tipo ideal da grande empresa moderna, não deixa de transigir reconhecendo a existência, entre nós, da pequena sociedade anônima. Isto porque a massa das sociedades anônimas existentes no país é constituída de empresas de pequeno e médio portes, de natureza essencialmente fechada. Segundo o autor:

> O art. 294 da Lei das S.A. facilita a organização de tais sociedades, que serão sempre fechadas, com menos de vinte acionistas, cujas ações sejam nominativas não conversíveis, e cujo patrimônio líquido for inferior ao valor de um milhão de

reais. Essas sociedades podem convocar assembleia geral por anúncio entregue a todos os acionistas, contra recibo, com oito dias de antecedência e estão dispensadas de publicar os documentos da administração, desde que sejam arquivados no Registro Público de Empresas Mercantis, juntamente com a ata que sobre eles deliberar.

Sociedades de grande porte

O art. 3º da Lei nº 11.638/2007 dispõe:

> Aplicam-se às sociedades de grande porte, ainda que não constituídas sob a forma de sociedades por ações, as disposições da Lei nº 6.404, de 15 de dezembro de 1976, sobre escrituração e elaboração de demonstrações financeiras e a obrigatoriedade de auditoria independente por auditor registrado na Comissão de Valores Mobiliários.

Isto quer dizer que as sociedades de grande porte, consideradas para efeito desta lei como aquelas que tiverem ativo total superior a R$ 240 milhões ou receita bruta anual superior a R$ 300 milhões, independentemente do tipo societário adotado, estarão sujeitas às regras pertinentes às sociedades por ações, como a escrituração e elaboração de demonstrações financeiras e a obrigatoriedade de auditoria independente por auditor registrado na Comissão de Valores Mobiliários.

A Lei nº 11.638/2007 também levantou a discussão sobre a necessidade de publicação das demonstrações financeiras de sociedades de grande porte que não sejam sociedades por ações. Apesar de não existir nela menção específica à necessidade de publicação das demonstrações financeiras, e de o projeto de lei que a originou ter expressamente excluído tal obrigação, muitos juristas consideram que as demonstrações financeiras de sociedades de grande porte devem ser não apenas auditadas, mas também publicadas.

Tal entendimento decorre especialmente do fato de a ementa da lei em comento especificar que as demonstrações financeiras devem ser apresentadas de acordo com a Lei das Sociedades Anônimas (que, em seu artigo 176, parágrafo único, menciona a obrigatoriedade da publicação).

Em vista do acima exposto, o Departamento Nacional de Registro do Comércio (DNRC) expediu o Ofício Circular nº 99/2008, que, em seu item 7, estabeleceu ser facultativa a publicação das demonstrações financeiras das sociedades de grande porte.

Em 16 de novembro de 2008, no entanto, foi proferida decisão liminar na ação ordinária ajuizada pela Associação Brasileira de Imprensas Oficiais (Abio) em face da União, deferindo parcialmente o pedido de tutela antecipada para sustar os efeitos do item acima mencionado e exigir a edição, pelo DNRC, de novo ofício estabelecendo a obrigatoriedade de as sociedades limitadas de grande porte publicarem suas demonstrações financeiras. Essa liminar, no entanto, foi suspensa pelo Tribunal Regional Federal em fevereiro de 2009.

Desta forma, e até uma definição final sobre a questão, as sociedades consideradas como "de grande porte" devem avaliar as vantagens e desvantagens relacionadas à eventual publicação de suas demonstrações financeiras.

SOCIEDADE DE ECONOMIA MISTA

Sociedade de economia mista é uma entidade dotada de personalidade jurídica de direito privado, criada por lei para a exploração de atividade econômica, sob a forma de sociedade anônima, cujas ações com direito a voto pertençam, em sua maioria, à União ou a entidade da administração indireta.

A sociedade de economia mista só pode se revestir da forma de sociedade anônima de acordo com o art. 235 da Lei das S.A.:

> Art. 235. As sociedades anônimas de economia mista estão sujeitas a esta Lei, sem prejuízo das disposições especiais de lei federal.
> §1º As companhias abertas de economia mista estão também sujeitas às normas expedidas pela C.V.M.
> §2º As companhias de que participarem, majoritária ou minoritariamente, as sociedades de economia mista, estão sujeitas ao disposto nesta Lei, sem as exceções previstas neste Capítulo.

Nas sociedades de economia mista, o acionista controlador (e, portanto, o detentor do direito a voto majoritário) é uma pessoa jurídica de direito público e tem os mesmos deveres e responsabilidades de quaisquer outros acionistas nesta mesma posição. Tal afirmativa depreende-se do art. 238 da Lei das S.A.:

> Art. 238. A pessoa jurídica que controla a companhia de economia mista tem os deveres e responsabilidades do acionista controlador (artigos 116 e 117), mas poderá orientar as atividades da companhia de modo a atender ao interesse público que justificou a sua criação.

Dessa forma, conclui-se que o acionista controlador, diferentemente do que ocorre no caso das S.A. controladas por particulares, não visa sempre ao lucro. Em muitos momentos será preconizado o atendimento ao interesse público. O lucro será interesse dos acionistas minoritários, nesse caso. Coelho (2005b:226) lembra:

> O acionista particular de sociedade de economia mista está ciente, ao ingressar no quadro associativo da companhia, desta

particularidade, ou seja, de que, eventualmente, seja obrigado a suportar ligeira diminuição na rentabilidade de seu investimento, por força do atendimento de interesse maior que o seu.

Porém, o mesmo autor adverte que a referida diminuição não pode ser tal que descaracterize o investimento feito na companhia como negócio de conteúdo privado (Coelho, 2005b:227).

Holding pura como sociedade simples

Segundo o art. 982 do Código Civil, considera-se "empresária" a sociedade que tem por objeto o exercício de atividade própria de empresário sujeito a registro e "simples" (não empresárias) as demais. Neste sentido, enquanto a caracterização do empresário individual se dá pelo efetivo exercício da atividade econômica organizada para a produção ou circulação de bens ou serviços, a sociedade empresária, por sua vez, é caracterizada pelo escopo societário, que deverá ser empresarial.

Os únicos tipos societários que são considerados sempre como subordinados ao Registro de Empresas e ao Estatuto do Empresário são a *sociedade anônima* e a *sociedade em comandita por ações* (parágrafo único do art. 982 do Código Civil e art. 2º, §1º, da Lei nº 6.404/1976).

Segundo Sharp Júnior (s.d.):

> A holding pura terá sempre natureza de sociedade simples, uma vez que estará constantemente agindo como sócia, direcionando suas atividades não ao mercado, mas para o âmbito interno caracterizado pelas relações societárias, salvo se for constituída sob a forma de sociedade por ações.

O prof. Jorge Lobo coordenou grupo de estudos formado por advogados de diferentes escritórios para discutir a natureza da *holding* pura. Da reunião do grupo, no dia 14 de maio de 2003, foram aportadas as seguintes ideias (Sharp Júnior, s.d.):

Nestes casos, porém, ela (a holding) não tem uma face externa, voltada para o mercado, não se adequando à hipótese do art. 966. Não produz bens ou serviços, apenas age em interesse próprio.

Controlar, administrar a empresa pode ser considerado prestação de serviços, por agregar valor à sociedade controlada, sendo a "holding" sociedade empresária? Se prevalecer este entendimento, pode-se considerar que todo sócio é empresário.

Ainda de autoria do prof. Ronald A. Sharp Júnior é o quadro comparativo que transcrevemos a seguir.

SOCIEDADE SIMPLES × SOCIEDADE LIMITADA × SOCIEDADE ANÔNIMA FECHADA

Sociedade simples	Sociedade limitada	Sociedade anônima fechada
Simplicidade operacional e jurídica	Exigência de maiores formalidades	Estrutura operacional e jurídica mais complexa
Responsabilidade dos sócios subsidiária ou limitada restritamente às suas quotas-partes, conforme estipulado no contrato social	Responsabilidade solidária dos sócios até o limite da efetiva integralização do capital social. Obrigação ainda de responder solidariamente diante da imprecisa avaliação dos bens utilizados na integralização do capital	Responsabilidade do acionista restrita ao preço de emissão de suas próprias ações
Liberdade para o aumento de capital	Aumento de capital condicionado à integralização do capital existente	Aumento de capital condicionado à realização de ¾ do capital existente

continua

Sociedade simples	Sociedade limitada	Sociedade anônima fechada
Ausência de previsão de assembleia ou reunião formal de sócios	Obrigatoriedade de realização de assembleia com mais de 10 sócios, em regra	Obrigatoriedade de realização de assembleia de acionistas
Ausência de livros societários obrigatórios	Obrigatoriedade de livro de atas da administração, de assembleias de sócios e de atas e pareceres do conselho fiscal	Obrigatoriedade de diferentes livros societários
Alteração das cláusulas básicas do contrato social somente pela unanimidade dos sócios	Alteração do contrato social por sócios que representem ¾ do capital social	Reforma do estatuto por acionistas que representem metade do capital com direito a voto
Possibilidade de sócio cuja contribuição seja apenas em serviços	Proibição de sócio de serviços	Proibição de sócio de serviços
Fiscalização direta exercida pelos sócios a qualquer época, salvo estipulação diversa	Fiscalização conforme a sociedade simples ou a sociedade anônima, segundo o contrato preveja ou não a aplicação supletiva da LSA	Fiscalização exercida indiretamente pelos sócios, por meio de órgãos societários e da garantia de alguns direitos que asseguram transparência
Possibilidade de exclusão de sócio por via judicial	Possibilidade de exclusão de sócio por via extrajudicial e judicial	Ausência de previsão de exclusão de acionista
Existência do direito de saída voluntária do sócio	Existência do direito de saída voluntária do sócio	Precedentes do STJ permitem o direito de saída voluntária do acionista
Redução de capital não sujeito a restrições	Redução do capital por excesso sujeito a prazo (90 dias) para impugnação por credores	Redução do capital por excesso sujeito a prazo (60 dias) para impugnação por credores
Discussão sobre a admissibilidade de sociedade entre cônjuges, independentemente do regime de casamento	Proibição de sociedade com ou entre cônjuges, se o regime for o da separação absoluta ou comunhão total	Ausência de vedação de sociedade entre ou com os cônjuges

Questões de automonitoramento

1. Após ler o capítulo, você é capaz de resumir o caso gerador do capítulo 6, identificando as partes envolvidas, os problemas atinentes e as soluções cabíveis?
2. Quais os mais relevantes princípios da sociedade anônima?
3. Qual a diferença entre uma sociedade anônima de capital aberto e de capital fechado?
4. Quais os direitos decorrentes da titularidade de ações?
5. Para a criação de uma sociedade de grande porte, qual deve ser o modelo societário indicado?
6. Pense e descreva, mentalmente, outras alternativas para a solução do caso gerador do capítulo 6.

4

Manifestação externa da vontade da companhia: a assembleia geral, o conselho de administração, a diretoria e o conselho fiscal

Roteiro de estudo

Manifestação da vontade da companhia: introdução

Os acionistas participam da vida social através de seu direito de comparecer às assembleias e através de seu direito de nomear os membros da administração. Dessa forma, ao tratarmos da questão da formação interna da vontade da sociedade por ações, temos que ter em vista a sua estrutura fundamental, que, pelos arts. 120 e 138 da LSA, é formada, basicamente, por três órgãos com funções específicas e poderes determinados, quais sejam:

- ❑ assembleia geral (deliberação);
- ❑ diretoria e/ou conselho de administração (administração);
- ❑ conselho fiscal.

Estes órgãos administrativos são os que dão vida à sociedade (Borba, 2004:383). Os administradores das sociedades anônimas não têm poderes derivados de um contrato, mas sim da lei e dos estatutos (Camargo e Bocater, 2002:392). Conforme nos ensina Borba (2004), o conselho de administração tem funções deliberativas e de ordenação interna, enquanto a diretoria exerce atribuições efetivamente executivas, as quais, aliás, são de sua competência exclusiva e indelegável.

Nosso sistema, diferentemente do direito norte-americano, distingue claramente as funções deliberativas do conselho de administração das funções executivas da diretoria. Por essa razão não se deve extrair, da jurisprudência americana, indicações ou inspiração para a solução dos conflitos aqui configurados. Nos Estados Unidos, os diretores (*executive officers*) guardam uma estreita subordinação aos conselheiros de administração (*directors*). Nesse sentido convém anotar, quanto às características do modelo norte-americano, as ilustrativas observações de Klein e Ramseyer citadas por Borba (2004:384):

> *In the legal model, the CEO and other officers of a corporation are supposed to be subservient to the will of the board of directors. It is the board that has the legal power and the responsibility to manage, or at least supervise the management of the corporation. While the CEO and other members of the management team must and do have authority to make routine operating decisions, and develop corporate plans and strategies, major decisions require board approval. For the board to be effective in its supervisory role, it must be well informed and, to a considerable extent, must participate in formulation of plans and strategies. One good rule of thumb to the board is, "no faits accomplis and no surprises".*

Vale ressaltar ainda que, na esfera da administração das companhias, os sistemas adotados universalmente são basicamente dois: o unitário, tradicional, correspondente a um estágio menos desenvolvido, que se cinge a apenas um órgão diretivo, e que propicia, pelo absenteísmo dos acionistas, o controle gerencial; e o bipartido (ou dualista), relativamente recente e adotado no Brasil, que distribui o exercício da administração entre dois órgãos diferenciados (conselho de administração e diretoria).

A assembleia geral

Entre os órgãos mencionados acima, destaca-se a assembleia geral, responsável pelas decisões mais importantes da companhia, fundadas na vontade da maioria dos acionistas. Dessa maneira, a assembleia geral é sinônimo de poder, sendo o órgão direto em que os acionistas se manifestam através do voto.

Apesar de seu papel prioritário, é importante ressalvar que a assembleia não decide tudo o que diz respeito à sociedade, já que em algumas matérias seus poderes deliberativos e resolutórios são compartilhados e mesmo deferidos a outros órgãos administrativos.

A prioridade deliberativa da assembleia geral se traduz formalmente através de uma reunião de acionistas, detalhadamente regulamentada em lei, com poderes para deliberar e decidir as questões relativas ao objeto social, levando sempre em consideração a proteção dos interesses e do desenvolvimento da companhia.

Vale mencionar que aqueles acionistas titulares de ações preferenciais podem ter o direito de voto limitado ou suprimido pelo estatuto. De fato, geralmente os titulares das ações dessa categoria não possuem voto na assembleia geral. A lei possibilita que o estatuto limite ou suprima esse direito em troca de algumas daquelas vantagens previstas no art. 17 da Lei das S.A. Ainda assim, ressalte-se que o estatuto não pode suprimir o direito de voz na discussão das matérias em pauta, de acordo com o disposto no art. 125 do mesmo diploma legal.

A LSA, em seu art. 122, atribui à assembleia geral algumas matérias exclusivas, de sua competência privativa, como se observa abaixo:

- reforma do estatuto social;
- suspensão do exercício de direitos dos acionistas;
- apreciação anual das contas e demonstrações financeiras;
- deliberação acerca da avaliação de bens na formação do capital social;
- a eleição ou destituição dos administradores e fiscais da companhia, salvo quando houver conselho de administração;
- autorização para emissão de debêntures e partes beneficiárias;
- deliberação sobre a transformação, fusão, incorporação, cisão, dissolução e liquidação da companhia;
- autorização aos administradores para decretar falência ou concordata.

As assembleias gerais podem ser ordinárias (AGOs) ou extraordinárias (AGEs). A assembleia geral ordinária é uma reunião compulsória anual dos acionistas, realizada para fins de apreciação de um conjunto de matérias específicas. Convocada no quadrimestre legal ou, extraordinariamente, fora do prazo estatutário, a assembleia geral será ordinária, pois o critério legal distintivo entre assembleia ordinária e extraordinária não é o temporal, mas o de competência. Ou seja, o que caracteriza a AGO é a matéria de que ela trata, e não o prazo de sua convocação.

Se a administração da companhia não promover a convocação da AGO tempestivamente, o conselho fiscal (art. 163, V, da LSA) e mesmo o acionista (art. 123, parágrafo único, "b" da LSA) têm legitimidade legal subsidiária para fazê-lo.

Os administradores devem disponibilizar para exame dos acionistas, até um mês antes da AGO, os seguintes documentos (art. 133 da LSA):

- relatório de administração do exercício findo;
- cópia das demonstrações financeiras;
- parecer de auditoria independente;
- parecer do conselho fiscal;
- outros documentos relativos a assuntos da ordem do dia.

A competência da AGO está adstrita aos temas elencados no art. 132 da LSA. Em se tratando de outro tema, faz-se indispensável a convocação de uma assembleia extraordinária. Dentro desse contexto, interessante decisão do TJ/RJ, *in verbis*:

> Apelação Cível. Direito de empresa. Convocação de assembleia geral extraordinária por pessoa que se diz titular de ações de sociedade anônima. Pretensão que se funda em escritura pública de unificação das massas liquidandas. Qualidade de sócio que se rejeita porque dita escritura manteve a composição acionária das empresas liquidandas. Consequente desqualificação de sócio. Impossibilidade de haver convocação para AGE e deliberações ulteriores. Recurso desprovido.[53]

Na forma do art. 126, §1º, primeira parte da LSA, o acionista pode nomear procurador para representá-lo na assembleia, mas este tem que ter sido constituído há menos de um ano, ser acionista, administrador da companhia ou advogado. Neste sentido, deve-se destacar a decisão proferida pelo STJ, no REsp nº 649.711/BA (2004/00646896-9):

---

[53] TJ/RJ. 1ª Câmara Cível. Apelação Cível nº 2004.001.12959. Des. Luiz Roberto Ayoub. 31 ago. 2004.

Declaratória e cautelar. *Joint venture*. Assembleia geral de acionistas. Aumento de capital. Nulidade. Representação.
1. As nulidades de pleno direito são vícios insanáveis. Por isso, no caso presente, tem legitimidade a própria parte que outorgou a procuração vir a juízo e reclamar a declaração de nulidade absoluta de ato praticado pelo mandatário em assembleia de acionistas.
2. Nulos os atos praticados por mandatário na assembleia em que se aumentou o capital social, já que: a) a empresa mandante é estrangeira e não está autorizada a funcionar no Brasil, embora acionista da empresa ré, ausente representação nos termos do Decreto 2.627/40; b) *a representação não preenche os requisitos exigidos no art. 126, §1º, da Lei nº 6.404/76*. Recurso especial conhecido e provido [grifos nossos].

Em decisão histórica de seu colegiado, a CVM aprovou parecer que, posteriormente, foi parcialmente traduzido na edição da Instrução nº 481, vindo a facilitar — e muito — o processo de votação nas assembleias de acionistas.

O tema foi estudado a partir de consulta, formulada por sociedade de serviços para relações com investidores, acerca de possíveis meios de propiciar serviços disponibilizados em sistema denominado "assembleia online", voltados à maior participação dos acionistas em assembleias gerais.

De acordo com o entendimento exarado, conclui-se que as sociedades poderão utilizar-se, no cômputo dos votos, de procuração eletrônica com assinatura digital certificada e de procurações em papel sem reconhecimento de firma, bem como poderão transmitir as assembleias pela internet, assim abertas ao público, desde que não contenham informações sigilosas.

O requisito de exigência da presença física se constituía como óbice ao alcance de um contingente expressivo de acionistas, devido à dificuldade e ao custo para o deslocamento até o local onde as assembleias normalmente ocorriam (local onde as companhias têm sua sede). Tal fato, inclusive, representava extrema dificuldade para as sociedades de grande dispersão acionária, e, muitas vezes, significava entrave para a votação de certas matérias, na medida em que não se alcançavam os respectivos quóruns exigidos para a sua aprovação.

Com efeito, a CVM editou, em dezembro de 2009, a Instrução nº 481, com o objetivo principal de facilitar a vida dos minoritários que buscam apoio de investidores para suas propostas — sobretudo nas companhias de capital pulverizado, categoria que tende a ser mais numerosa com o desenvolvimento do mercado brasileiro de capitais.

Apesar de as regras de pedidos públicos de procuração terem sido editadas recentemente, a indicação de que esta matéria seria regulamentada pela CVM surgiu no texto original da legislação societária de 1976 (Lei nº 6.404).

Entre as principais inovações desta instrução destacaremos a obrigação, por parte das empresas, de reembolsar, integral ou parcialmente, os custos de publicação, impressão e envio dos pedidos de procuração feitos por minoritários, salvo se a companhia aceitar procurações eletrônicas por meio de sistema na rede mundial de computadores.

Outra importante regulamentação feita por esta instrução diz respeito aos pedidos de lista de acionistas, referendados no art. 126, §3º, da Lei nº 6.404/1976. As companhias passaram a ter até três dias úteis para fornecer esta lista. Em contraprestação poderão exigir uma declaração de que o material será usado exclusivamente para um pedido público de procuração. A Instrução nº 481 não prevê uma data-base que reflita, nesta relação, a posição acionária dentro da companhia. No entanto, as superintendências de Relações com Empresas e de Desenvolvimento de Mercado da CVM (SEP e SDM) consideram razoável que a lista de acionistas reflita ao menos as posições da data em que o acionista a solicitou.

A mesma instrução elevou o padrão de divulgação de informações antes das assembleias, para que os pedidos públicos de procuração fizessem sentido. Assim, passou a exigir que os tópicos postos em discussão nas assembleias fossem claramente expostos, eliminando expressões como "assuntos gerais". Entre outras determinações, currículos de candidatos a cargos na administração e conselho fiscal, propostas de remuneração dos administradores e comentários sobre as demonstrações financeiras passam a ser itens básicos para o cumprimento do *disclosure*.

Importante ressaltar que a procuração eletrônica, assim como qualquer procuração pública, deve obedecer ao Código Civil. Deste modo, as procurações eletrônicas poderão ser revogadas a qualquer momento. Este pedido de revogação terá um prazo-limite estabelecido pela companhia, de modo que a contagem dos votos não seja eternamente postergada por novas revogações. Por fim, cumpre frisar que a designação de um procurador para representação do acionista na assembleia não impede que este revogue a procuração, caso queira participar presencialmente. Nesta hipótese o que prevalece é o voto do titular.

Nesta seara, as medidas aprovadas pela CVM representam o início de uma nova era para o direito societário brasileiro. Certamente podem se constituir como instrumentos eficazes para disseminar uma cultura de participação dos acionistas, especialmente os minoritários, na gestão das companhias, como já ocorre em alguns países.

Convocação

A convocação é um ato preparatório da assembleia geral. É o ato pelo qual a sociedade chama seus acionistas para que venham deliberar acerca de matérias que, por disposição de lei ou estatuto, dependem de seu prévio pronunciamento por serem de interesse da empresa da qual participam. É nesse foro que eles defendem também seus direitos políticos, embora não estejam adstritos a um comparecimento obrigatório. Nas palavras de Lamy Filho e Pedreira (1996:553):

> A convocação e instalação da reunião dos sócios segundo o regime legal é, portanto, requisito essencial à formação da vontade social, pois do funcionamento da assembleia depende a possibilidade de criar deliberação coletiva: somente durante seu funcionamento os sócios podem validamente proferir os votos cuja estruturação dá origem à deliberação coletiva. A deliberação de sócios fora de reunião da assembleia regularmente convocada é inexistente como ato coletivo, tanto do ponto de vista social quanto jurídico: é um agregado de atos de vontade individuais.

Somente são válidas as deliberações tomadas em assembleia geral regularmente convocada. Daí a importância de observar os requisitos desse ato preparatório, preliminar, que é a convocação. Uma assembleia eivada de vícios em suas etapas regulamentares equivale a uma citação malfeita, sujeitando-se à anulação de tudo quanto a ela se seguir.

A lei concede ao acionista prejudicado ação para, *v.g.*, anular as deliberações tomadas em assembleia geral ou especial irregularmente convocada ou instalada, violadora da lei ou dos estatutos, ou eivada de erro, dolo, fraude ou simulação.

A competência originária da primeira convocação é do conselho de administração, desde que, é claro, este órgão esteja instalado (art. 123 da LSA). Se a companhia não o tiver, caberá à diretoria fazê-lo, deliberando de acordo com o que dispuser o estatuto.

Em casos excepcionais, podem convocar a assembleia geral:

- o conselho fiscal, se os órgãos da administração retardarem por mais de um mês a convocação;
- qualquer acionista, quando os administradores retardarem por mais de 60 dias a convocação, nos casos previstos em lei ou no estatuto;
- acionistas que representem 5%, no mínimo, do capital votante, quando os administradores não atenderem a pedido de convocação fundamentado.

Os prazos para convocação da assembleia geral são diferentes, em se tratando de companhia aberta ou fechada. Na aberta, o prazo de antecedência da primeira convocação será de 15 dias, e o da segunda convocação de oito dias. Na fechada, a primeira convocação terá pelo menos oito dias de antecedência, com termo *a quo* na publicação do primeiro anúncio; a segunda convocação terá antecedência mínima de cinco dias.

A convocação se realiza mediante publicação de anúncio convidando os acionistas a se reunirem em assembleia. Para que o anúncio seja devidamente regular, são indispensáveis as seguintes informações:

- indicação do local da reunião (em regra, a sede da companhia);
- data da reunião (qualquer dia da semana, útil ou não);
- hora do início dos trabalhos;
- ordem do dia (lista dos assuntos a serem discutidos e votados);
- em caso de companhia aberta, e estando em pauta a eleição do conselho de administração, o edital deve conter o percentual mínimo de participação acionária para fins de preenchimento dos cargos desse órgão (voto múltiplo — Instrução CVM nº 165, art. 3º).

O anúncio da convocação deve ser publicado por três vezes, no mínimo, nos veículos mencionados pela lei (art. 289 da

LSA) e, no caso das companhias abertas, também nos veículos exigidos pela CVM (Instrução CVM nº 207).

Em se tratando de AGE, a lei exige mais um requisito para a convocação: os documentos referentes aos assuntos a serem discutidos e votados devem ser colocados à disposição dos acionistas na sede da companhia quando da publicação do primeiro anúncio convocatório (art. 135, §3º, da LSA).

O desatendimento à menor dessas formalidades compromete a validade da assembleia e, por não se admitir ato de convalidação, a reunião deve realizar-se novamente. A única ressalva legal aplica-se ao caso de estarem presentes todos os acionistas, inclusive os que não têm direito a voto, quando tolera-se a realização da assembleia sem a regular convocação.[54]

As competências da CVM no tocante aos procedimentos de convocação das assembleias gerais foram ampliadas com a reforma da LSA. Nessa linha, a CVM pode suspender, por até 15 dias, o andamento do prazo mínimo entre a data da primeira convocação e a de realização da assembleia geral, sempre que a autarquia julgar necessário conhecer e analisar as propostas a serem submetidas à assembleia (instruções CVM nº 319 e nº 320). Assegurando maior proteção aos investidores, a CVM pode informar à companhia as razões pelas quais entende que a deliberação proposta à assembleia viola dispositivos legais ou regulamentares. Também é permitido à CVM aumentar para até 30 dias o período para a realização da reunião assemblear, quando julgar que as matérias a serem deliberadas pelos acio-

---

[54] Nesse sentido, ver os seguintes dispositivos legais: (i) §4º do art. 133 da LSA: "A assembleia geral que reunir a totalidade dos acionistas poderá considerar sanada a falta de publicação dos anúncios ou a inobservância dos prazos referidos neste artigo; mas é obrigatória a publicação dos documentos antes da realização da assembleia"; e (ii) §5º do art. 133 da LSA: "A publicação dos anúncios é dispensada quando os documentos a que se refere este artigo são publicados até um mês antes da data marcada para a realização da assembleia geral ordinária".

nistas exijam, pela sua complexidade, maior prazo de análise (art. 124, §§5º e 6º, da LSA).

Quórum de instalação

Uma das formalidades indispensáveis à validade e eficácia das manifestações de vontade que têm lugar na assembleia geral refere-se ao número de acionistas presentes à reunião. A sua inobservância compromete a validade de todas as deliberações adotadas.

Quórum de instalação é a verificação da presença de um determinado número de acionistas, que represente certo percentual do capital votante, necessário à realização de uma dada assembleia geral. Esse quórum não se confunde com o de deliberação. A assembleia deve primeiro reunir-se regularmente, para depois tomar as suas deliberações pelas pessoas então presentes (Santos, 1994:53).

Em primeira convocação, o quórum está definido como 1/4 do capital social com direito a voto (art. 125 da LSA). Dessa maneira, acionistas titulares de ações que representem 25% do capital votante (representado pelo total das ações que conferem direito de voto) devem comparecer ao local da assembleia para que suas deliberações sejam válidas. Entretanto, se constar da pauta a apreciação de proposta de reforma estatutária, o quórum de instalação em primeira convocação passa a ser de acionistas representantes de 2/3, no mínimo, do capital social votante (art. 135 da LSA). Em se tratando de segunda convocação, a assembleia se instala, em qualquer hipótese, com qualquer número de acionistas.

Quórum de deliberação

Para a existência válida da deliberação, a propositura deve contar com o apoio de uma quantidade mínima de votos.

O quórum de deliberação refere-se à quantidade de votos favoráveis a determinada proposta, sem os quais ela não é validamente aprovada. É o número de votos necessários à deliberação (Requião, 2007).

Em termos gerais, a aprovação decorre do apoio da maioria absoluta de votos, excluídos os em branco (art. 129 da LSA). A base para o cômputo desse quórum geral de deliberação é a quantidade de votos manifestados pelos acionistas presentes à assembleia, independentemente do quanto representam em relação ao capital social ou votante.

No entendimento de Carvalhosa (2002:239), "o quórum de deliberação é formado unicamente daquelas ações votantes que efetivamente se manifestarem sobre a proposta respectiva, a favor ou contra. Excluem-se do quórum deliberativo não só os votos em branco propriamente ditos como também os nulos". Esse quórum geral de deliberação é atingido pela manifestação favorável de mais da metade dos votos dados em preto pelos acionistas *presentes.*

Além do quórum geral, temos o qualificado e o estatutário. O qualificado é um quórum mais elevado para a deliberação, sendo a metade, no mínimo, do capital votante (art. 136 da LSA). Deve-se destacar que votos correspondentes à metade do capital votante é condição necessária, mas nem sempre suficiente, para o atingimento do quórum qualificado. Assim, na hipótese de a proposta obter a aprovação de 50% dos acionistas com direito a voto e a reprovação dos outros 50%, sem votos em branco, dá-se o empate e aplica-se o art. 129, §2º, da LSA, apesar de o quórum qualificado ter sido alcançado. O quórum de deliberação, simples ou qualificado, poderá ser aumentado pelos estatutos da companhia fechada. Nesse caso caberá ao estatuto fixar a quantidade mínima de votos para a válida aprovação das matérias que reputou merecedoras do tratamento especial (quórum estatutário). O quórum estatutário não pode ser inferior ao legal, em nenhum caso (Coelho, 2003b:206).

Conselho de administração

O conselho de administração é o órgão que se encontra em posição intermediária entre a assembleia geral e a diretoria. Trata-se de órgão deliberativo — obrigatório somente nas sociedades anônimas de capital aberto, nas de capital autorizado e nas sociedades de economia mista — ao qual são delegadas algumas competências[55] da assembleia geral, a fim de agilizar a tomada de decisões da companhia.

Os poderes deliberativos da administração não cabem aos conselheiros individualmente, mas sim ao conselho de administração como órgão colegiado, o que significa dizer que a deliberação coletiva é necessária para vincular a administração da companhia. Carvalhosa e Latorraca (1998:73), salientando que os conselheiros são considerados representantes dos acionistas, afirma:

> Conforme a doutrina norte-americana, os conselheiros não podem decidir individualmente em nome do órgão, de forma a vincular a administração da companhia. Os poderes deliberativos da administração da sociedade cabem aos conselheiros não individualmente, mas como um colegiado (Ballantine, Ballantine on corporations, cit., p. 123 e s.). A deliberação coletiva é, também, na doutrina norte-americana, reconhecida como necessária, em primeiro lugar, para que a decisão seja adotada,

---

[55] José Edwaldo Tavares Borba (2004:385) indica as seguintes atribuições que o conselho assume, mas que seriam normalmente da assembleia: orientação geral dos negócios, eleição de diretores e emissão de valores mobiliários.

depois de ter havido oportunidade para discussão e troca de ideias. Em segundo, porque os conselheiros são considerados representantes dos acionistas, não lhes tendo sido dado poder para decidir de outra forma que não por manifestação colegial.

Contudo, convém ressaltar que os conselheiros são competentes, individualmente, para diligenciar junto aos diretores as informações que julgarem necessárias ao conhecimento do conselho. Tal como o membro do conselho fiscal, mas assumindo papel muito mais importante, o membro do conselho de administração é dotado de um poder individual de diligência que deverá exercer enquanto titular da função que desempenha, embora não necessite de uma prévia autorização ou deliberação de tal colegiado.

Não poderia ser de outra forma, uma vez que, eventualmente, os membros do conselho poderão ser responsabilizados pelo não cumprimento desse dever de diligência.

Portanto, a obstrução do exercício individual dos conselheiros, por parte do próprio conselho ou de outro órgão social, configura uma ilegalidade, abuso de poder e, consequentemente, sujeita o competente agente obstrucionista aos efeitos do ilícito praticado.

À assembleia geral, exatamente por ser o órgão supremo da sociedade, cabe eleger e destituir, a qualquer tempo, os membros do conselho de administração, nos termos do art. 140 da Lei das Sociedades Anônimas. Essa competência da assembleia geral é bem explicada pela doutrina, conforme se verifica no trecho extraído da obra de Bchara (1999:368): "Compreende-se, por isso, que a assembleia geral, que é a voz deliberativa maior da companhia, tenha o poder de eleger e de destituir essas figuras proeminentes da direção e de controle da sociedade por ações".

É importante ressaltar que, a nosso ver, a destituição — por decisão manifestada pelo acionista controlador — de membros do conselho de administração eleitos pelos acionistas minoritários, ordinaristas ou preferencialistas será válida e eficaz se tal destituição estiver baseada em incompatibilidade legal do administrador para o exercício do cargo ou de seus deveres.

Ressaltamos o entendimento de que a assembleia, de forma motivada, poderá destituir, inclusive, membros do conselho que tenham sido eleitos em assembleia em separado, quando, assim, agirem contra os interesses da companhia.

Cabendo à assembleia geral a eleição dos membros do conselho de administração, analisaremos agora os requisitos e a forma de composição do conselho.

Requisitos e composição

De acordo com o art. 146 da Lei das Sociedades por Ações, são requisitos legais para membro do conselho de administração: ser acionista, pessoa natural, não estar impedido, possuir reputação ilibada, não ocupar cargos em sociedades concorrentes ou ter interesse conflitante com a companhia.

Dispõe o art. 140 do mesmo diploma que "o conselho de administração será composto por, no mínimo, 3 (três) membros, eleitos pela assembleia geral e por ela destituíveis a qualquer tempo".

Em livro sobre o tema, Toledo (1997:27) nos ensina que "ao fixar o número mínimo, a lei brasileira seguiu a tendência adotada no direito constitucional europeu (assim dispõem os diplomas alemão, austríaco e francês), que, neste ponto, se distancia do norte-americano, onde o *board* pode ser formado por um ou dois diretores".

Dessa forma, o legislador previu um número mínimo de membros para compor o conselho de administração, deixando a critério dos acionistas a decisão sobre o número exato de conselheiros. Poderá, pois, o estatuto definir o número exato de membros do conselho de administração, ou, conforme previsto no inciso I do art. 140 da LSA, definir o número mínimo e máximo com o qual funcionará o órgão societário.

Quando assim o fizer, caberá à assembleia geral deliberar, entre as opções fornecidas pela norma estatutária, qual o número adequado àquele determinado período de gestão, atendendo às necessidades da empresa (Toledo, 1997).

Importante artigo da LSA é o que trata das formalidades e impedimentos para posse em um dos cargos de administração da companhia. Dispõe o art. 147 da referida lei:

> Art. 147. Quando a lei exigir certos requisitos para a investidura em cargo de administração da companhia, a assembleia-geral somente poderá eleger quem tenha exibido os necessários comprovantes, dos quais se arquivará cópia autêntica na sede social.
>
> §1º São inelegíveis para os cargos de administração da companhia as pessoas impedidas por lei especial, ou condenadas por crime falimentar, de prevaricação, peita ou suborno, concussão, peculato, contra a economia popular, a fé pública ou a propriedade, ou a pena criminal que vede, ainda que temporariamente, o acesso a cargos públicos.
>
> §2º São ainda inelegíveis para os cargos de administração de companhia aberta as pessoas declaradas inabilitadas por ato da Comissão de Valores Mobiliários.
>
> §3º O conselheiro deve ter reputação ilibada, não podendo ser eleito, salvo dispensa da assembleia-geral, aquele que: (Incluído pela Lei nº 10.303, de 2001)
>
> I – ocupar cargos em sociedades que possam ser consideradas concorrentes no mercado, em especial, em conselhos consulti-

vos, de administração ou fiscal; e (Incluído pela Lei nº 10.303, de 2001)

II – tiver interesse conflitante com a sociedade. (Incluído pela Lei nº 10.303, de 2001)

§4º A comprovação do cumprimento das condições previstas no §3º será efetuada por meio de declaração firmada pelo conselheiro eleito nos termos definidos pela Comissão de Valores Mobiliários, com vistas ao disposto nos arts. 145 e 159, sob as penas da lei. (Incluído pela Lei nº 10.303, de 2001)

Vemos que, além dos impedimentos legais clássicos, como ser titular de cargo público, deve-se aferir se o candidato à função de administrador não tem condenação penal transitada em julgado por crime falimentar, contra economia popular, fé pública ou propriedade, entre outros; se foi considerado inabilitado pela CVM ou, ainda, se tem a reputação ilibada, conforme definido em lei.

Sendo os membros do conselho de administração eleitos pela assembleia geral, em que rege o princípio da maioria, o conselho seria sempre composto por membros indicados pelos controladores ou acionistas majoritários. Com o intuito de proteger os minoritários, previu o legislador uma série de mecanismos para outorgar aos minoritários a capacidade de indicar pelo menos um membro ao conselho de administração.[56]

---

[56] Nesse sentido, vale ressaltar os ensinamentos de Parente (2003:148): "O principal objetivo da nova Lei 10.303/2001 foi a ampliação da proteção aos acionistas minoritários. Neste sentido, a implantação de regras de governança corporativa era uma das mais importantes finalidades do projeto. A reforma da lei societária sem dúvida constituiu um avanço, eis que representou, dentro do que foi possível naquele momento, a convergência dos interesses de acionistas controladores e minoritários. Destaca-se como uma das mais significativas alterações trazidas pela reforma o fato de os minoritários terem adquirido o direito de formar um colégio eleitoral específico para eleger e destituir membro do conselho de administração e seu suplente. A composição e atuação do conselho de administração têm primordial importância no exercício da boa governança corporativa. Hoje, vigoram novos conceitos relativos à atuação do conselho

Poderes e atribuições do conselho de administração

Como visto, o conselho de administração é órgão colegiado de deliberação, ou seja, atua em bloco e delibera por maioria de votos (podendo o estatuto estabelecer quórum qualificado para especiais situações), competindo-lhe basicamente a administração da companhia juntamente com a diretoria. A Lei das Sociedades por Ações, ao regular os poderes e atribuições do conselho de administração, optou por fazer uma enumeração abrangente destas últimas, que podem ser divididas em três grupos principais, quais sejam: programáticas ou normativas; de fiscalização ou controle; administrativas, segundo a classificação de Toledo (1997:39). Analisando os distintos grupos e os poderes do conselho de administração, elucida o autor:

> [A]s primeiras dizem respeito ao norteamento das atividades da companhia; com as segundas verifica-se o cumprimento dessas normas e a consecução desses objetivos, enquanto as últimas propiciam os meios para a realização dos fins sociais (nisto se distinguindo, por serem atividades-meios, daquelas desenvolvidas pelos diretores, que são atividades-fim). A "orientação geral dos negócios da companhia" enquadra-se no primeiro grupo, a fiscalização da gestão dos diretores no segundo e a eleição destes no terceiro (Lei das S.A., art. 142, incisos I, III e II, respectivamente). Para acrescentar mais um dado: as atribuições ou se direcionam ao que deve ser feito, e como, ou então

---

de administração. Nos países desenvolvidos o poder de gestão das grandes sociedades é exercido pelos administradores. A gerência deixou de ser exercida por quem detém a propriedade. O conselho de administração ocupa função intermediária entre a assembleia geral dos acionistas e a diretoria. É órgão de deliberação colegiada. Porém, enquanto da assembleia não se esperam decisões técnicas, do conselho devem emanar decisões que efetivamente propiciem o retorno do capital investido pelo acionista. Ao conselho de administração cabe a função mais importante na consecução do objetivo de lucro da sociedade, ou seja, decidir a sua política de investimentos".

ao que deveria ter sido feito, e está sendo, ou ainda servem de meio para que os fins sejam alcançados.

Todas essas categorias têm em comum as circunstâncias de serem exercidas através de deliberações em caráter colegiado, dizendo respeito à administração da companhia, e não atingirem o plano propriamente executivo, função essa reservada à diretoria.[57]

Diretoria

A diretoria é o órgão executivo e representativo da companhia, composta por, no mínimo, duas pessoas, eleitas pelo conselho de administração, ou, se este não existir, pela assembleia geral. Aos seus membros compete, internamente, dirigir a empresa e manifestar a vontade da pessoa jurídica na generalidade dos atos e negócios. No que se refere a essa segunda prerrogativa, deve-se destacar que a representação legal ordinária da companhia é de sua competência privativa, não pode

---

[57] A esse respeito, ver Comparato (1981a:97-98): "Note-se que nenhum dos quatro órgãos necessários da companhia aberta recebe seus poderes ou atribuições de outro, mas sim da própria lei. O asserto é inteiramente verdadeiro para os órgãos administrativos, é curial dizê-lo. O conselho de administração não exerce funções delegadas da assembleia geral, nem os diretores são mandatários do conselho. A intervenção de um órgão no outro não se faz a nível de competência, mas de preenchimento de cargos. Assim também, no plano político, a nomeação dos juízes pelo Poder Executivo não significa — escusa lembrá-lo — que as funções judicantes são exercidas por delegação de atribuições. Temos portanto, que, na companhia aberta, ao conselho de administração, e somente a ele, compete o poder de eleger e destituir os diretores. [...] O que se regula no estatuto é tão só, o procedimento de nomeação e destituição dos diretores, o *modus operandi* do exercício desse poder exclusivo. Pois não faria senso que a lei descesse a tais pormenores, quando justamente o objetivo da normatividade estatutária é o de adaptar a execução do mandamento legal à individualidade de cada companhia. Em tais condições, a deliberação de uma assembleia geral da companhia aberta que objetivasse a nomeação de diretores seria plenamente ineficaz, por falta de legitimação do órgão (*ex defectu potestatis*). A esse resultado também se pode chegar, observando o regime adotado pela lei em matéria de responsabilidade dos órgãos componentes da sociedade anônima. Onde a lei impôs deveres próprios, a responsabilidade consequente é também própria e inconfundível com a de outros órgãos, ainda que as funções de um e de outro sejam exercidas, total ou parcialmente, pelas mesmas pessoas".

ser atribuída a outro órgão societário, conforme disposto no art. 138, §1º, da Lei das S.A.

Os membros da diretoria devem ser pessoas naturais residentes no país, sendo que a condição de acionista não se faz necessária, já que podem ser eleitos profissionais que não possuem participação no capital social. Vale acrescentar ainda que até 1/3 dos membros do conselho de administração podem também ser eleitos para ocupar cargos na diretoria.

É o estatuto da sociedade anônima que define a quantidade de diretores (ou pelo menos os números mínimo e máximo permitidos), a duração do mandato, substituição e, notadamente, a competência específica de cada um. É também no estatuto que se prevê que certos atos competem à diretoria enquanto órgão, hipótese em que os diretores devem reunir-se para deliberar por maioria de votos. Os trabalhos da reunião e as decisões serão, então, registrados em ata lavrada no livro próprio.

No entendimento de Comparato (1981a:108):

> A nova lei eliminou a imprecisão, pelo menos no que tange às companhias obrigadas à dicotomia administrativa. Estabeleceu-se nítida distinção entre funções deliberativas e atribuições de gestão ou executivas. O conselho de administração é órgão puramente deliberante; por isso, funciona sempre como um colegiado. Já a diretoria, encarregada das tarefas executivas e de representação da companhia, somente delibera em reunião conjunta dos seus membros quando o estatuto assim o exigir e, assim mesmo, unicamente para tomar "determinadas decisões".

Prevê o art. 143, IV, da LSA que o estatuto deve regulamentar as atribuições e poderes dos diretores. No caso de omissão do estatuto quanto às atribuições destes, aplicar-se-á a norma supletiva (art. 144), competindo a qualquer diretor a representação legal da companhia e a prática de atos normais de administração, necessários ao seu funcionamento regular.

De acordo com o §2º do art. 158 da LSA, os administradores são solidariamente responsáveis[58] pelos prejuízos causados em virtude do não cumprimento dos deveres impostos por lei para assegurar o funcionamento normal da companhia, ainda que, pelo estatuto, tais deveres não caibam a todos eles.[59]

Nesse sentido, Valverde (1953:277-281) destaca:

> O exercício das funções de diretor ou administrador de uma sociedade anônima não estabelece relações contratuais, ou de mandato, ou de locação de serviços, entre o administrador ou diretor e a sociedade. [...] O administrador ou diretor eleito pela assembleia geral, ou indicado por quem tenha autoridade para tanto, como nas sociedades anônimas de economia mista, não contrata com a sociedade o exercício das funções. Se o nomeado aceita o cargo, deverá exercê-lo na conformidade das prescrições legais e estatutárias, que presidem ao funcionamento da pessoa jurídica.

---

[58] Com relação à responsabilidade dos administradores após aprovadas as suas contas em assembleia geral ordinária, Borba (2004:336) destaca o seguinte: "A exoneração dos administradores, que decorre da aprovação das demonstrações financeiras, é relativa e aparente, pois tudo aquilo que tenha escapado ao conhecimento dos acionistas, e que seja substancial, posto que suficiente para demovê-los de aprovar as contas, caracterizará uma hipótese de erro, consequenciando a reabertura do problema, para efeito de responsabilização dos envolvidos".

[59] Cabe, então, transcrever a ementa do acórdão proferido pelo Tribunal de Justiça de São Paulo no julgamento da Apelação nº 65.531-1, tendo como relator o desembargador Márcio Bonilha: "Ementa: Sociedade comercial. Anônima. Capital aberto. Transferência do controle acionário. Ocorrência não comunicada oportunamente à Bolsa de Valores e à imprensa. Inadmissibilidade. Omissão de dever legal. Prejuízo aos acionistas minoritários, que efetuaram vendas de ações por valor inferior ao da oferta pública. Indenização devida. Responsabilidade solidária dos administradores. Aplicação e inteligência do art. 157 da Lei 6.404/76. A inobservância do dever legal pelos administradores de sociedade anônima de capital aberto de divulgarem oportunamente a transferência do controle acionário da empresa gera responsabilidade solidária pelos danos causados a acionistas minoritários que negociaram suas ações por valor inferior ao da oferta pública".

Adquire uma qualidade, uma situação jurídica dentro do grupo ou corporação, a qual lhe impõe deveres e exige o desenvolvimento de certa atividade a bem dos interesses coletivos. O administrador ou diretor presta, inquestionavelmente, serviços. Mas a simples prestação de serviços, ainda quando remunerada, não basta para configurar o contrato de trabalho ou a locação de serviços. [...] A sociedade anônima é administrada por um ou mais diretores, acionistas ou não, residentes no país, escolhidos pela assembleia geral que poderá destituí-los a qualquer tempo.

Contudo, nas companhias abertas (§3º do art. 158 da LSA) a responsabilidade solidária acima mencionada se restringe aos administradores que, por disposição estatutária, tenham atribuição específica de dar cumprimento àqueles deveres.

Deveres dos administradores

Nos termos dos arts. 145 e 165 da Lei das Sociedades por Ações, as normas relativas aos deveres e responsabilidade dos administradores aplicam-se tanto aos conselheiros quanto aos diretores da companhia.

Assim, a Lei das Sociedades por Ações, nos arts. 153 a 157, elenca os principais deveres atribuídos aos administradores, que são os de diligência, o de cumprimento das finalidades da sociedade, o de lealdade, o de evitar situações de conflito de interesses, e o de informar.[60]

---

[60] Nesse passo, a Instrução CVM nº 358, de 2002, regula a divulgação e o uso de informações sobre ato ou fato relevante e negociação de valores mobiliários de emissão de companhias abertas por acionistas controladores, diretores, membros do conselho de administração, do conselho fiscal e de quaisquer órgãos com funções técnicas ou consultivas.

Além destes, existem outros deveres na lei[61] e aqueles que, conforme ressaltado por Coelho (2003b), são impostos implicitamente aos administradores, os quais se deduziriam das normas gerais ou dos princípios que informam o sistema de direito societário brasileiro: "São desta categoria o dever de observar os estatutos, cumprir as deliberações dos órgãos societários hierarquicamente superiores, controlar a atuação dos demais administradores, não competir com a sociedade etc." (Coelho, 2003b:241).

No presente trabalho nos ateremos a discorrer sobre aqueles deveres que representam *standards*,[62] ou seja, indicam um "modelo ou a combinação de elementos aceitos como corretos ou perfeitos pelo homem médio, sob determinadas circunstâncias" (Parente, 2005:34), quais sejam: o dever de diligência, o de lealdade, o de evitar situações de conflito de interesses e o de informar.

As normas que definem os deveres e as responsabilidades dos administradores visam, ao final, outorgar segurança aos acionistas minoritários, já que impedem que os administradores abusem do direito dos minoritários ao conduzir os negócios sociais.

Parente (2005:101-102), em dissertação sobre o assunto, dividiu o dever de diligência em cinco deveres distintos:

❑ o dever de se qualificar para o exercício do cargo, que evidencia a necessidade de o administrador possuir ou de adquirir os conhecimentos mínimos acerca das atividades que serão desenvolvidas pela sociedade;

---

[61] Tais como o dever de convocar assembleia geral ordinária, previsto no art. 123; o de divulgar e deixar à disposição dos acionistas os documentos da administração, previsto no art. 133; o de estar presente na assembleia geral ordinária, art. 134, entre outros.

[62] Para Carvalhosa (2003a:157), os *standards* revestem-se "de caráter enunciativo quanto às possíveis formas de inobservância de obrigações de natureza legal por parte dos administradores. Tais *standards* remetem a doutrina e a jurisprudência à configuração das práticas que se inserem nos conceitos legais enunciativos dos abusos, por omissão ou ação, praticados pelos administradores na condução dos negócios sociais".

❏ o dever de bem administrar, que consiste na atuação do administrador visando à consecução do interesse social dentro dos limites do objeto social;

❏ o dever de se informar, o qual impõe aos administradores a obrigação de obter todas as informações necessárias ao desenvolvimento adequado do negócio social;

❏ o dever de investigar, segundo o qual os administradores devem não apenas analisar criticamente as informações que lhes forem fornecidas, para verificar se são suficientes ou se devem ser complementadas, como também, de posse destas informações, considerar os fatos que podem eventualmente vir a causar danos à sociedade, tomando as providências cabíveis para evitar que tal ocorra;

❏ o dever de vigiar, que consiste na obrigação permanente de os administradores monitorarem o desenvolvimento das atividades sociais.

Dispõe o art. 155 da Lei das Sociedades por Ações:

Art. 155. O administrador deve servir com lealdade à companhia e manter reserva sobre os seus negócios, sendo-lhe vedado:

I – usar, em benefício próprio ou de outrem, com ou sem prejuízo para a companhia, as oportunidades comerciais de que tenha conhecimento em razão do exercício de seu cargo;

II – omitir-se no exercício ou proteção de direitos da companhia ou, visando à obtenção de vantagens, para si ou para outrem, deixar de aproveitar oportunidade de negócio de interesse da companhia;

III – adquirir, para revender com lucro, bem ou direito que sabe necessário à companhia, ou que esta tencione adquirir.

A forma mais comum de violação do dever de lealdade verifica-se no mercado de ações, ao serem praticados atos conhecidos como *insider trading*, em desatendimento à norma do §1º do art. 155 que, na tentativa de coibi-los, prevê:

> Cumpre, ademais, ao administrador de companhia aberta, guardar sigilo sobre qualquer informação que ainda não tenha sido divulgada para conhecimento do mercado, obtida em razão do cargo e capaz de influir de modo ponderável na cotação de valores mobiliários, sendo-lhe vedado valer-se de informação para obter, para si ou para outrem, vantagem mediante compra ou venda de valores mobiliários.

Conclui-se, portanto, que o administrador deve ser diligente na guarda do sigilo, para que a quebra do mesmo não possa ocorrer através de subordinados ou terceiros de sua confiança, hipótese que configura o vazamento de informações (Pappini, 1999:195, 208).

Vale ressaltar, conforme será abordado mais abaixo, que a quebra do sigilo ou o uso privilegiado da informação, pelo próprio administrador ou através de subordinados, sempre que acarretar prejuízos a terceiros sujeitará o infrator a indenização por perdas e danos, conforme previsto no §3º do art. 155 da Lei das Sociedades por Ações.

O dever de informar fundamenta-se na necessidade de haver igualdade de informações entre os participantes do mercado para a realização das operações com valores mobiliários das companhias abertas. Isto porque

> não é mais possível que a parcela de poder, em alguns casos gigantesca, de que fruem as empresas — e, através delas, seus controladores e administradores — seja exercida em proveito apenas de sócios majoritários ou dirigentes, e não da compa-

nhia, que tem outros sócios, e em detrimento, ou sem levar em consideração, os interesses da comunidade.[63]

Portanto, ao se impor aos administradores o dever de informar,[64] busca-se "permitir aos acionistas que permaneçam como tais ou não, e, consequentemente, da conveniência ou não de outros investidores ingressarem por substituição ou subscrição, no quadro acionário da companhia ou como seus debenturistas" (Carvalhosa e Latorraca, 1998:286).

O aspecto mais relevante do direito de informar, contudo, diz respeito à comunicação à Bolsa de Valores e à publicação, pela imprensa, da ocorrência de fatos relevantes, assim entendidos os fatos capazes de influir de modo ponderável na cotação dos valores mobiliários em questão (art. 157, §4º, da Lei nº 6.404/1976). Nesse sentido,

> se o administrador de companhia aberta, a partir de sua experiência profissional, constatar que os investidores, ao tomarem conhecimento de determinada notícia relacionada à sociedade que administra, optariam por realizar ou deixar de realizar certos negócios no mercado de capitais, então ele estará diante de um fato relevante, cuja divulgação é seu dever legal [Coelho, 2003b:54].

---

[63] Ver Exposição de Motivos nº 196, cap. XII, seção IV de 24 de junho de 1976, do ministro da Fazenda, publicada no *Diário Oficial do Congresso Nacional* do dia 18 de setembro de 1976, p. 5.959 (Müssnich, 1979:31-51).

[64] A Lei nº 10.303, de 31 de outubro de 2001, que recentemente promoveu relevantes modificações na Lei nº 6.404/1976 e na Lei nº 6.385/1976, incluiu a utilização indevida de informação privilegiada entre os crimes contra o mercado de capitais. Neste sentido, o art. 27-D da Lei nº 6.385/1976 prevê que, aquele que tenha conhecimento de informação relevante ainda não divulgada ao mercado e que deva manter sigilo com relação à mesma, poderá ser responsabilizado criminalmente caso venha a utilizar esta informação para obter, para si ou para outrem, vantagem indevida.

Assim, considera-se dever de informar (*disclosure*) como sendo a obrigação do administrador de companhia aberta de manter o mercado devidamente informado acerca dos fatos relevantes a ela referentes,[65] a fim de que todos os investidores possam negociar seus títulos e ações de posse das mesmas informações, tornando o mercado de capitais melhor e igualmente informado, e a precificação de seus valores mobiliários mais exata.

Conselho fiscal: conceito, funções e remuneração

O conselho fiscal é um órgão societário, ao qual, conforme o próprio nome quer dizer, compete fiscalizar os administradores. Tal atribuição pode ser exercida por qualquer de seus membros.

Conforme leciona Borba (2001:387):

> Compete-lhe acompanhar a atuação da empresa, a fim de verificar a regularidade dos procedimentos adotados e dos negócios realizados, opinando sobre o relatório anual dos administradores, as demonstrações financeiras da companhia e, especialmente, sobre propostas de modificação do capital, emissão de debêntures ou bônus de subscrição, planos de investimento ou orçamentos de capital, distribuição e dividendos, transformação, incorporação, fusão e cisão.

Já para o mestre Coelho (2002:228): "O conselho fiscal é órgão de assessoramento da assembleia geral, na apreciação

---

[65] O art. 157 da LSA, além das informações que obriga o administrador a divulgar aos acionistas da empresa, regula, em seu §4º, a divulgação de deliberação ou fato relevante, nos seguintes termos: "Os administradores da companhia aberta são obrigados a comunicar imediatamente à Bolsa de Valores e a divulgar pela imprensa qualquer deliberação da assembleia geral ou dos órgãos de administração da companhia, ou fato relevante ocorrido nos seus negócios, que possa influir, de modo ponderável, na decisão dos investidores do mercado de vender ou comprar valores mobiliários emitidos pela companhia".

das contas dos administradores e na votação das demonstrações financeiras da sociedade anônima".

Em nossa prática societária, em verdade, o conselho fiscal jamais funcionou efetivamente, tendo-se inclusive cogitado de sua extinção, desde as discussões em torno da Lei nº 6.404/1976. Neste sentido manifestam-se Guerreiro e Teixeira (1979:483):

> Apesar das críticas que o Conselho Fiscal sofreu no passado, a lei houve por bem mantê-lo, disciplinando-o nos arts. 161 a 165, os quais configuram o esforço do legislador em aperfeiçoá-lo, tornando-o um instrumento efetivo de fiscalização da vida societária. Salvo honrosas exceções, na maior parte das empresas, o Conselho Fiscal converteu-se em organismo desprestigiado e inexpressivo, composto, as mais das vezes, por pessoas da confiança direta dos acionistas controladores, que se limitavam a assinar pareceres estereotipados, sem necessidade de se examinar os livros e papéis da sociedade, seu estado de caixa e carteira, o inventário, o balanço e as contas da diretoria. Assim sendo o Conselho Fiscal comprometeu a confiabilidade que deveria caracterizá-lo.

Para Coelho (2002), por exercer função fiscalizadora da gestão da empresa, o conselho fiscal é o principal instrumento de controle da atividade conferido pela lei aos acionistas minoritários e aos preferencialistas. O direito de fiscalizar, conforme dispõe o inciso III do art. 109 da Lei nº 6.404/1976, faz parte do elenco dos direitos essenciais, os quais não podem ser suprimidos nem pelo estatuto, nem pela assembleia geral.

A este direito corresponde o dever da companhia de, periodicamente, declarar e informar os acionistas acerca das contas dos administradores e das demonstrações financeiras da sociedade. Segundo Carvalhosa e Latorraca (1998:336), a iniciativa de fiscalização cabe à própria companhia, através de seus órgãos competentes, quais sejam, a assembleia geral e o conselho fiscal. O primeiro órgão nomeia os membros do segundo, que exercem as competências e poderes que lhes são outorgados por lei (art. 163 da LSA).

Para exercer a função fiscalizadora, o conselho fiscal poderá solicitar aos administradores esclarecimentos e informações, cabendo-lhe, ainda, denunciar ao conselho de administração ou à assembleia geral os erros, fraudes ou crimes que descobrir. Poderá, ainda, examinar documentos e opinar sobre a legalidade e adequabilidade contábil dos atos da administração, tendo ao seu alcance todos os meios indispensáveis ao exercício de sua competência. Assim, não depende de deliberação do conselho a eficácia do pedido de informações individualmente feito por qualquer de seus membros aos órgãos da administração, aos auditores e aos peritos.

Tal prerrogativa foi reforçada pela Lei nº 9.457/1997, que, ao modificar o §4º do art. 163 da LSA, facultou a qualquer um dos conselheiros, individualmente, a prerrogativa de solicitar aos auditores independentes esclarecimentos, informações e apuração de fatos.

Neste sentido os órgãos da administração são obrigados a remeter aos membros do conselho fiscal, dentro de 10 dias, cópias das atas de suas reuniões e, dentro de 15 dias do seu recebimento, cópias dos balancetes e demais demonstrações financeiras e dos relatórios de execução de orçamentos, de produção e de vendas, se houver. Os conselheiros poderão, ainda, assistir às reuniões do conselho de administração, se houver, ou da diretoria, que versarem sobre assuntos em que devam opinar.

Ademais, foi acrescentado o §8º ao supracitado artigo, assegurando ao conselho fiscal, como órgão colegiado, independentemente da existência ou não de auditores independentes, o poder de formular, justificadamente, questões a serem respondidas por peritos especiais, a serem indicados pela diretoria em lista de três, entre os quais o conselho fiscal escolherá um, cujos honorários serão pagos pela companhia.

O conselho também está impedido de deliberar contrariamente ao direito individual de qualquer conselheiro de assistir às reuniões do conselho de administração e da diretoria, ou de comparecer às assembleias gerais da companhia (art. 164).

Da mesma forma é vedado ao conselho cercear o direito individual dos conselheiros de contratar contador ou firma de auditoria, por conta da companhia, para assessorá-lo no desempenho de suas funções.

O conselho fiscal não poderá deixar de atender à solicitação de qualquer de seus membros para convocação da assembleia geral, seja ordinária ou extraordinária.

Acrescente-se, ainda, que o conselho não tem autoridade, mesmo que haja deliberação de seus membros majoritários neste sentido, para deixar de denunciar aos órgãos sociais erros ou fraudes que forem descobertos por quaisquer de seus membros individualmente. Na qualidade de órgão colegiado, o conselho fiscal não tem competência para julgar a procedência de tais denúncias, razão pela qual não pode negar o seu encaminhamento aos órgãos sociais. Cabe ao conselho fiscal, por dever legal, denunciar tais irregularidades, daí a prerrogativa individual de seus membros para promovê-la. Até mesmo porque desconsiderar tais medidas ou prerrogativas individuais seria negar consecução da própria finalidade do órgão, que é a de fiscalizar.

Ainda que a vontade do órgão seja a da maioria de seus membros, consolidada em reunião regular, é restrito o seu poder de deliberação, pois não pode cercear, impedir ou negar qualquer providência de fiscalização indicada ou praticada individualmente pelos conselheiros em exercício. O regime deliberativo é, portanto, meramente homologatório das medidas solicitadas pelos conselheiros.

O regime deliberativo será decisório tão somente no que respeita aos pareceres do conselho, os quais, não obstante, deverão conter os votos, em separado, dos conselheiros discordantes. Apenas nesta hipótese a vontade da maioria dos membros do órgão fiscalizador exprime a vontade do conselho. Nos demais casos de diligências e verificações, a vontade de qualquer de seus membros, individual ou minoritariamente manifestada, não pode ser negada pela maioria. A obstrução pela maioria de tais procedimentos fará presumir que seus membros majoritários não estão agindo com independência, procurando evitar o conhecimento de atos eventualmente irregulares. Configurada a obstrução, os membros majoritários do conselho fiscal serão responsabilizados, na forma do art. 165 da Lei nº 6.404/1976.

Vale ressaltar, ainda, que a atuação individual de um membro vincula o conselho, daí seu caráter colegiado *sui generis*.

O conselho fiscal tem como principal atribuição exercer o controle da legitimidade das contas e da gestão dos administradores. Isto significa que o referido órgão deverá verificar se os atos de gestão e representação praticados pelos diretores e as deliberações do conselho de administração estão em consonância com a lei e com o estatuto, e se dão cumprimento às deliberações da assembleia geral.

Segundo Carvalhosa e Latorraca (1998:390):

> O controle de legitimidade não se restringe ao aspecto formal dos negócios jurídicos praticados pelos administradores. Toma em consideração o mérito desses negócios, para verificar a sua consonância com o objetivo social e os fins próprios da companhia. Neste mister tem o conselheiro individualmente o poder de inspecionar os bens e os serviços que constam dos

documentos contábeis para verificar a consonância e procedência quanto ao seu valor, estado e efetividade.

[...]

Consequentemente, o conselho não é apenas fiscal das atividades financeiras ou contábeis da companhia, mas da própria atuação dos administradores.

Por outro lado, além da função de fiscalização, o conselho possui outras atribuições que ultrapassam a de controle de legitimidade das contas e da gestão social. São elas as de assessoramento, de instrução e de informação à assembleia geral.

As funções do conselho fiscal são indelegáveis e não podem ser outorgadas a outros órgãos da companhia (art. 163, §7º, da Lei nº 6.404/1976).

Algumas funções, inclusive, são enumeradas pela lei, razão pela qual constituem-se em deveres indeclináveis para seus membros. Este elenco de competências não pode, portanto, ser de qualquer forma alterado ou interpretado restritivamente, seja via estatuto, seja pela assembleia geral.

Uma das atribuições do conselho fiscal é a de convocar assembleia geral, em caráter substitutivo, nos casos previstos pelo inciso V do art. 163 da LSA.

Ademais, a vontade do conselho fiscal é distinta da de seus membros. Suas deliberações são eficazes independentemente da opinião de cada um deles. Sendo assim, mesmo com a ausência de alguns de seus titulares, delibera o conselho eficazmente, desde que observado o quórum mínimo de instalação, de maioria absoluta dos presentes.

Composição

Uma companhia terá sempre, formalmente, um conselho fiscal. Contudo, o seu funcionamento será permanente ou eventual, conforme dispuser o estatuto social. A instalação do conselho fiscal se processará, de imediato, na assembleia em que o solicitarem acionistas representativos de 10% das ações com voto, ou 5% das ações sem voto.[66]

O conselho fiscal será composto de no mínimo três e no máximo cinco membros, e igual número de suplentes, acionistas ou não, eleitos pela assembleia geral (art. 161, §1º, da LSA).

Desde o início de sua vigência, a determinação legal em relação à composição do conselho fiscal suscitou controvérsias. Para alguns, o *numerus* deveria constar do estatuto, que o fixaria em três, quatro ou cinco integrantes. Para outros, a regra legal é autoaplicável, não demandando a menção do número de conselheiros na lei interna da companhia.

Acerca da questão, esclarece Carvalhosa (2003a:71):

> Deve-se entender que a regra legal de regência é autoaplicável para garantir, ao mesmo tempo, a eleição, no Conselho Fiscal, de dois representantes dos minoritários e de três dos controladores. Em consequência, não cabe ao estatuto dispor sobre o número de membros do Conselho Fiscal, deixando que a flexibilidade relativa da norma legal possa ser utilizada no caso de o requerimento de representação advir, ao mesmo tempo, dos minoritários votantes e dos não votantes.

A duração do mandato dos conselheiros fiscais não poderá ser alterada pelo estatuto, constituindo preceito de ordem pública, sendo estabelecido de assembleia a assembleia, podendo, inclusive, ser inferior a um ano. Sendo o conselheiro eleito em

---

[66] A Comissão de Valores Mobiliários baixou a Instrução CVM nº 324/2000, através da qual reduziu, em virtude do montante do capital das companhias abertas, o percentual exigido para a solicitação de instalação do conselho fiscal. Os percentuais previstos na lei para as ações com voto e para as ações sem voto vão sendo gradativamente diminuídos, até atingirem, respectivamente, 2% e 1%, para as companhias com capital social superior a R$ 150 milhões.

assembleia extraordinária, seu mandato será válido até a próxima assembleia ordinária. Entretanto, poderá ser superior a este período uma vez que haja maior intervalo de tempo entre a realização de uma assembleia ordinária e outra.

Os acionistas preferencialistas sem direito a voto, ou com voto restrito, terão direito a eleger, em votação em separado, um membro e seu respectivo suplente. Da mesma forma, a lei estabelece quórum para que os acionistas minoritários, com representação de 10% das seções com voto, elejam um conselheiro fiscal, garantindo, no entanto, ao acionista controlador o direito de eleger sempre a maioria do conselho fiscal.[67]

Impedimentos

Os membros do conselho fiscal deverão ser pessoas naturais, residentes no Brasil, com curso de nível universitário ou experiência mínima de três anos na função de administrador de empresa ou conselheiro fiscal, exigindo-se, ainda, que não sejam membros de órgãos de administração e empregados da companhia ou de sociedade controlada ou do mesmo grupo, nem cônjuge ou parente, até terceiro grau, de administrador da companhia, aí devendo-se compreender o parentesco por afinidade, uma vez que, também por essa via, os interesses se comunicam (art. 162 da LSA).

O requisito de residência no Brasil para o exercício desta função remunerada tem previsão constitucional.

---

[67] Sobre a função do conselho fiscal, ensina o professor Eizirik (1991:14): "Temos observado, na experiência prática da advocacia empresarial, alguns casos em que acionistas minoritários, com participação social expressiva, elegem representantes seus no Conselho Fiscal com finalidades incompatíveis com o atendimento do interesse social. Tais casos manifestam um entendimento equivocado das funções do Conselho Fiscal, as quais devem ser exercidas dentro dos limites legais, sob pena de eventualmente causar, sua atuação, embaraços ilegítimos à gestão empresarial. Com efeito, trata-se de órgão de fiscalização, que não deve ser utilizado como instrumento de pressão indevido, em casos de disputas entre os acionistas".

São, ainda, inelegíveis aqueles que impedidos "por lei especial, ou condenados por crime falimentar, de prevaricação, peita ou suborno, concussão, peculato, contra a economia popular, fé pública ou propriedade, ou a pena que vede, mesmo que temporariamente, o acesso a cargos públicos" (art. 147, §1º, da LSA).

Se, na localidade da sede da empresa, não houver, em número suficiente, pessoas habilitadas de acordo com os requisitos acima citados, poderá o juiz dispensar a companhia da satisfação dos requisitos estabelecidos.

De um modo geral, o membro do conselho fiscal, a fim de exercer suas funções, deve ter idoneidade e credibilidade, demonstrando-se isento de injunções de amizade, de subordinação ou de laços familiares.

Carvalhosa e Latorraca (1998:379) esclarecem que a exigência de que o conselheiro seja pessoa natural deve-se à responsabilidade civil, cujo caráter personalíssimo deve ser observado. Contudo, lembram os referidos autores o fato de que a responsabilidade profissional individual não desaparece mesmo quando a função é exercida por sociedade composta por profissionais.

Outra questão relevante refere-se ao fato de o estatuto não poder estabelecer o requisito de ser eleito apenas acionista para o cargo de conselheiro fiscal. Isto porque haveria prejuízo ao direito dos minoritários votantes e dos preferencialistas de se fazerem representar no órgão, por não poderem livremente escolher profissionais habilitados ou com experiência para tais funções.

Funcionamento permanente ou eventual

A Lei das Sociedades por Ações é bem flexível acerca da existência do conselho fiscal. Assim, o funcionamento deste órgão poderá ser permanente ou eventual, de acordo com o que dispuser o estatuto.

O conselho fiscal é órgão de criação obrigatória, porém de funcionamento facultativo. Isto quer dizer que sua existência na companhia é obrigatória e independente de previsão estatutária, devendo aquela instituí-lo. A não instituição do conselho no estatuto invalida o contrato social, sendo vedado o seu arquivamento no registro competente. A companhia, portanto, não estará constituída nesta hipótese.

Vale destacar, ainda, que o funcionamento do conselho fiscal não é obrigatório em companhias em liquidação, salvo se determinado pelo estatuto ou se solicitado por acionistas (art. 208). Não havendo, durante o processo de liquidação da companhia, qualquer restrição ao direito de voto das ações que estatutariamente não o possuíam (art. 213), prevalecerá, para efeito de eleição de representantes minoritários no conselho fiscal, o critério percentual de agregação dos grupos de acionistas interessados. Essa aglutinação poderá incluir tanto ações ordinárias quanto preferenciais em um mesmo grupo, para efeito de promover a votação em separado.

Sobre esse tópico é relevante destacar a decisão do colegiado da CVM, proferida em 6 de maio de 2008 acerca da interpretação do art. 161, §4º, "a", da Lei das S.A.[68] Nessa decisão a CVM manifestou o entendimento de que o requisito de adesão de 10% dos acionistas minoritários para a constituição do conselho fiscal, previsto no referido dispositivo legal, diz respeito ao número de ações detidas por todos os acionistas minoritários da companhia, e não somente àqueles que compareceram à assembleia. Assim, não seria exigida, para constituição do conselho fiscal, a adesão de 10% do total de acionistas minoritários presentes à assembleia. Desde que 10% ou mais das ações com direito a voto estejam nas mãos de acionistas

---

[68] Processo Administrativo nº RJ 2007/11.086. Reg. col. nº 5633/07. Julgado em 6 maio 2008.

minoritários, aqueles que comparecerem à assembleia terão o direito de escolher um membro do conselho fiscal. A ideia por detrás dessa decisão é de que são os acionistas minoritários, em conjunto, que têm o direito de eleger um membro do conselho fiscal, e não cada acionista ou grupo de acionistas titular de 10% do capital votante.

Responsabilidade do conselho fiscal

No que se refere ao conselho fiscal das sociedades anônimas, as maiores alterações trazidas pela reforma implantada pela Lei nº 10.303/2001 foram, sem dúvida nenhuma, relativas ao regime de seus deveres e responsabilidades.

Em razão das atividades desenvolvidas pelos membros do conselho fiscal, têm estes grandes responsabilidades. Portanto, devem empregar enorme diligência em seus trabalhos, a fim de evitar ou corrigir males que possam surgir na companhia. A nova redação do §1º do art. 165 da Lei nº 6.404/1976, trazida pela Lei nº 10.303/2001, deixa claro que os membros do conselho fiscal têm, perante a companhia, as mesmas responsabilidades e os mesmos deveres dos administradores no que se refere à defesa dos interesses sociais.

Desta forma (arts. 153 a 156, da Lei nº 6.404/1976), os conselheiros fiscais respondem pelos danos resultantes de omissão no cumprimento de seus deveres e de atos praticados com culpa ou dolo, ou com violação da lei ou do estatuto. Vale ressaltar que a negligência destes também é punida.

O conselheiro fiscal deverá atuar no exclusivo interesse da companhia, sendo considerado abusivo qualquer ato seu com o fim de causar dano à companhia, seus acionistas ou administradores, bem como se houver interesse em vantagem, para si ou para outrem, a que não tenha direito.

Tanto é assim, que a modificação introduzida pela Lei nº 10.303/2001 na Lei das Sociedades por Ações, acrescentou um parágrafo sobre o assunto no art. 165, mas acentuando o dever de lealdade do conselheiro fiscal.[69]

Os deveres dos conselheiros fiscais somente divergem dos deveres dos membros do conselho de administração no que tange ao dever de informar, que, embora também o tenham, têm-no circunscrito às matérias de sua competência. Esta foi a maior novidade, e sua introdução encontra-se no art. 165-A, que estabelece que os conselheiros deverão informar à CVM ou ao mercado onde forem negociados valores mobiliários da companhia, imediatamente, qualquer modificação de sua posição acionária na companhia.[70]

A responsabilidade dos conselheiros decorre de culpa ou dolo e, em princípio, é solidária. No entanto, dela se eximirá o membro dissidente que fizer consignar sua divergência em ata de reunião do órgão e comunicá-la aos órgãos da administração e à assembleia geral.

Não serão os conselheiros responsáveis pelos atos ilícitos de outros membros, salvo se com eles tiverem compactuado ou concorrido para sua prática.

Tendo ciência de ato irregular ou ímprobo, deverá o conselheiro denunciá-lo, não podendo silenciar, sob pena de com ele se solidarizar. Não basta que, neste caso, o conselheiro se demita, pois somente denunciando o ato incriminado é que

---

[69] Com o novo §3º do art. 165 da Lei nº 6.404/1976, surge a obrigação de diligência de todos os conselheiros no exercício das suas funções impostas pela lei e pelo estatuto social.

[70] Segundo o ex-presidente da Comissão de Valores Mobiliários, Luiz Leonardo Cantidiano (2002b): "Com o art. 165-A, o legislador procura assegurar maior transparência com referência à negociação de ações de emissão da companhia aberta pelos membros do conselho fiscal que, em princípio, são titulares de informações relevantes de sua emissão. Portanto, o conselheiro fiscal, sempre que realizar qualquer negociação com ações de emissão da companhia de que ele for gestor, deve prestar imediata informação à CVM e às bolsas, ou entidades de balcão organizado, em que a companhia estiver listada. A matéria será objeto de regulamentação a ser editada pela CVM".

poderá ser considerado incompatibilizado com seus autores e, aí sim, renunciar ao cargo.

Questões de automonitoramento

1. Após ler o capítulo, você é capaz de resumir o caso gerador do capítulo 6, identificando as partes envolvidas, os problemas atinentes e as possíveis soluções cabíveis?
2. Quais as principais atribuições do conselho de administração?
3. Quais são os principais deveres dos administradores?
4. Qual a composição do conselho fiscal?
5. O conselho fiscal é órgão de instituição obrigatória ou facultativa?
6. Pense e descreva, mentalmente, alternativas para a solução do caso gerador do capítulo 6.

5

Sociedade anônima e financiamento: valores mobiliários

Roteiro de estudo

Organização societária e modalidades de financiamento

Em geral as sociedades dispõem, basicamente, de três fontes principais de recursos para o financiamento das suas atividades, quais sejam: (i) o *autofinanciamento* (recursos decorrentes da condução exitosa do empreendimento social que são reinvestidos na sociedade); (ii) a obtenção de empréstimos junto ao setor público ou sistema bancário privado (*recursos de terceiros através de empréstimos*); (iii) a captação de *recursos junto a seus sócios ou terceiros investidores*, mediante a emissão de valores mobiliários (Eizirik, 1992:3).

Por esta ótica, as companhias (acepção moderna e adequada da terminologia "sociedade anônima") abertas caracterizam-se, dentro da sistemática do ordenamento jurídico societário brasileiro, como sendo o tipo de organização societária que oferece aos sócios a maior diversidade de mecanismos para a captação de recursos para o desenvolvimento das atividades sociais. Por esta razão, concentraremos o presente estudo no âmbito desse tipo societário.

Capital social

Para o início das atividades de uma sociedade, torna-se fundamental o aporte de recursos indispensáveis à organização da empresa, nos termos do seu objeto social, cabendo aos sócios a transferência de parte do seu patrimônio para o da pessoa jurídica. Em contrapartida, recebem ações da companhia em valor correspondente.

A sociedade não tem o dever de restituir ou remunerar — embora possa fazê-lo, desde que atendidos certos pressupostos econômicos e jurídicos — as contribuições dos sócios feitas a título de capital, sejam elas realizadas no momento da constituição da companhia ou *a posteriori* quando da integralização de ações subscritas em aumento de capital. O acionista tem o retorno do seu investimento atrelado ao sucesso ou insucesso da empresa.

Caso, no decorrer das atividades empresariais, se faça necessário o aporte de novos recursos, a sociedade poderá recorrer aos próprios acionistas, os quais poderão ampliar a sua contribuição para o desenvolvimento da empresa e, consequentemente, se apropriar de um maior número de ações da companhia.

Todos esses aportes realizados pelos sócios são registrados como capital social na contabilidade da companhia.

Diferentemente disso, vale lembrar que a sociedade poderá também captar recursos dos sócios a título de mútuo, por exemplo, devendo restituir aos sócios mutuantes os bens ou dinheiro investidos, acrescidos de uma compensação remuneratória, a qual independe dos lucros que a companhia venha a apurar.

No entanto, toda sociedade empresária deve possuir uma quantidade de capital financeiro próprio, formado pelas contribuições dos sócios — denominada capital social — para que possa realizar o seu objeto social.

Nesse sentido, Borba (2004:63) define *capital social* como a cifra contábil que corresponde ao valor dos bens que os sócios transferiram ou se comprometeram a transferir à sociedade quando da subscrição de suas ações. Trata-se de um valor formal e estático que, salvo em razão de um aumento ou redução deliberados em assembleia de sócios, permanece inalterável durante toda a vida da sociedade. Não se modifica em razão da real situação da sociedade.

Diferencia-se, portanto, do conceito de *patrimônio*, que é o conjunto de valores de que a sociedade dispõe, incluindo os ativos (dinheiro, créditos etc.) e os passivos (impostos, títulos a pagar etc.). Este é um valor real e dinâmico, que varia de acordo com o sucesso ou insucesso da companhia (Borba, 2004).

No início de uma sociedade, o seu patrimônio equivale ao capital social. Com o decorrer das atividades, se o patrimônio líquido exceder o capital, logo a sociedade acumulará lucros, que poderão ser distribuídos aos sócios ou conservados na conta de reserva ou lucros acumulados.

Por outro lado, caso o patrimônio líquido seja inferior ao capital em virtude de prejuízos, não se poderá efetuar qualquer distribuição de lucros aos acionistas. Nesta hipótese, ainda que o patrimônio líquido seja reduzido a nada, o capital social, contabilmente, continuará o mesmo, conforme consta do estatuto social da sociedade.

Após analisarmos as diferenças entre os conceitos de capital social e patrimônio, valemo-nos de transcrição do mestre Pedreira sobre o capital social como o montante fixado no estatuto social de uma companhia:

[...] é a quantidade do valor financeiro que os sócios declaram submeter ao regime legal próprio do capital social e que deve existir no ativo para que a sociedade possa reconhecer lucros e transferir bens do seu patrimônio para os dos sócios, como dividendo ou preço de compra das próprias ações [Lamy Filho e Pedreira, 1997:415].

Nesse passo, o art. 5º da LSA dispõe que o estatuto da companhia fixará o valor do capital social expresso em moeda nacional. Em seu parágrafo único, fica estabelecido que a expressão monetária do valor do capital será reajustada anualmente, disposição essa que foi derrogada pelo art. 4º, parágrafo único, da Lei nº 9.249, de 26 de dezembro de 1995, tendo em vista o novo padrão monetário (real) que se tornou moeda de poder aquisitivo constante (Carvalhosa, 2004:92).

Capitalização de reservas e lucros

Toda a sociedade bem-sucedida acumula resultados positivos, os quais, quando não distribuídos integralmente, determinam o crescimento do patrimônio líquido, fazendo-o superar o capital. Esse excesso patrimonial compõe as chamadas reservas ou lucros acumulados.

O aumento de capital mediante capitalização de reservas ou lucros consiste exatamente nas transferências dessas reservas para a conta de capital. Aumenta-se, assim, o capital com recursos gerados pela própria sociedade.

Se as ações têm valor nominal, do aumento de capital segue-se, como consequência, o aumento do valor nominal das ações ou a emissão de novas ações a serem distribuídas gratuitamente aos acionistas, recebendo cada um uma quantidade de ações proporcional às de que é detentor.

As novas ações assim distribuídas constituem uma bonificação, levando ao acionista a ilusão do crescimento de sua carteira de títulos. Na verdade, essas ações bonificadas, também chamadas de "filhotes", apenas diluem as antigas, tanto que se referem ao mesmo patrimônio. Sabe-se, inclusive, que, após a concessão de uma bonificação, a cotação em bolsa das ações tende a cair na mesma razão ou em razão aproximada da diluição ocorrida. No que se refere ao valor patrimonial, a ação que correspondia a R$ 120,00, após uma bonificação de 50% (uma ação nova para cada duas ações possuídas), passa a corresponder a R$ 80,00, pois o patrimônio que antes, por exemplo, se dividia por mil ações, agora divide-se por 1.500.

As ações bonificadas representam mera expansão das antigas, tendo a natureza de acessões. Por isso, todos os ônus e direitos que gravam as ações das quais derivam (usufruto, fideicomisso, caução, alienação fiduciária, promessa de venda, direito de preferência, inalienabilidade e incomunicabilidade) estendem-se às novas ações (art. 169, §2º, da LSA), salvo quando os respectivos instrumentos tenham afastado expressamente essas implicações.

Não havendo valor nominal, a incorporação de reservas e lucros dispensa qualquer providência quanto às ações, primeiro porque estas não têm valor declarado e, depois, porque o número de ações poderá continuar o mesmo, ainda que se refira a um capital nominalmente maior.

De qualquer sorte, não há impedimento, caso se prefira, para a elevação do número de ações por efeito da incorporação de reservas.

Conquanto haja autorização para aumento de capital, a incorporação de reservas e lucro transcende a competência do conselho de administração, inserindo-se nos poderes da assembleia geral, único órgão habilitado a deliberar sobre a destinação do lucro da sociedade (arts. 132, 192 e 199 da LSA). Ademais, como a incorporação retira dos acionistas a possibilidade de distribuir, como dividendos, as reservas e lucros incorporados, unicamente os próprios acionistas poderão decidir da conveniência ou não de consumar a capitalização.

Mercado de valores mobiliários

O denominado mercado de valores mobiliários é o segmento do sistema financeiro brasileiro que engloba as diversas operações com os valores mobiliários de emissão das companhias abertas, como, por exemplo, as ações, as debêntures, os bônus de subscrição e as notas promissórias para distribuição pública.

Um dos principais objetivos do mercado de valores mobiliários é propiciar meios e mecanismos para permitir a obtenção de recursos e a capitalização das companhias, possibilitando a transferência de riqueza dos agentes econômicos superavitários para os deficitários. Assim sendo, a capitalização das companhias através do mercado de valores mobiliários é feita mediante a emissão pública de títulos (valores mobiliários) para distribuição (mercado primário).

O mercado de capitais pode ser classificado através da distinção entre os mercados primário e secundário. O mercado de capitais primário compreende as operações de emissão e subscrição de ações e outros valores mobiliários, enquanto o secundário, as de compra e venda destes. A primeira operação negocial envolvendo um valor mobiliário de companhia aberta é a sua colocação no mercado, ou seja, a companhia emite determinado valor mobiliário (ações, por exemplo), atendendo a certas formalidades, e o oferece aos interessados. Dessa forma, o investidor paga o preço para a sociedade emitente e torna-se titular das referidas ações, processo que recebe o nome de *subscrição* e que ocorre no mercado primário.

Posteriormente, aquele acionista poderá negociar as ações subscritas, alienando-as para outras pessoas. Esse outro negócio, do qual a sociedade não participa, é chamado de *compra e venda*, *aquisição* ou *alienação*, inserindo-se no mercado secundário.

Nenhuma distribuição pública de valores mobiliários poderá ser efetivada no mercado sem registro prévio na CVM, a teor do que dispõem o art. 4º, §2º, da Lei nº 6.404/1976 e o art. 19 da Lei nº 6.385/1976.

Com efeito, o registro acima referido consiste basicamente na prestação formal de informações à CVM, com vistas à sua divulgação ao público investidor (potencial adquirente dos valores mobiliários a serem emitidos).

O registro para emissão pública de valores mobiliários está inserido no contexto da política de *full disclosure* adotada pela CVM, que consiste exatamente na divulgação ao mercado de informações amplas e completas a respeito da companhia e dos valores mobiliários por ela publicamente ofertados (Eizirik, 1992:6).

O *full disclosure*, política de ampla divulgação de informações, constitui um mecanismo importante de proteção aos investidores, conforme se observa na aplicação prática desta metodologia em países europeus e no mercado americano. Através do *full disclosure*, permite-se que o potencial investidor inserido no mercado possa exercer um verdadeiro "controle de qualidade" com relação às companhias abertas e aos valores mobiliários de sua emissão, a partir da análise das informações disponibilizadas.

A Instrução CVM nº 480, editada em dezembro de 2009, reforçou a política de divulgação de informações periódicas por parte da companhia. Entre os principais objetivos da instrução para promover o *disclosure*, podemos assinalar os seguintes: (i) consolidar as regras de registro de emissor; (ii) mudar o modelo de prestação de informação; (iii) melhorar a qualidade das informações periódicas; (iv) criar categorias de emissores de valores mobiliários; e (v) acelerar o processo de registro de ofertas de distribuição.

Conforme a ICVM em comento, as informações do emissor passarão a estar reunidas em um único documento, atualizado regularmente: o *formulário de referência*. Deste modo, ao realizar uma oferta pública de distribuição de valores mobiliários, o emissor poderá disponibilizar, em documento acessório, apenas informações sobre o valor mobiliário ofertado e as características e condições da oferta, tendo em vista que os formulários de referência têm como principal objetivo tornarem-se fontes confiáveis e permanentes de informações quantitativas e qualitativas a respeito do emissor, facilitando, assim, análise tanto da CVM quanto dos investidores.

Com a edição desta instrução, o formulário de informações anuais (IAN), conhecido por ser o principal instrumento de divulgação de informações periódicas não contábeis, será substituído pelo formulário de referência. Este formulário exigirá níveis de informação análogos aos exigidos pela Instrução CVM nº 400, mas em um formato que propiciará o melhor entendimento do investidor. Entretanto, cumpre destacar algumas matérias tratadas neste formulário que não eram exigidas no modelo anterior, por exemplo, comentários dos diretores, riscos de mercado e remuneração dos administradores.

A divisão dos emissores em categorias permite que se exija muito mais informações das companhias mais expostas ao mercado, sem onerar substancialmente as companhias menos expostas. Conforme disposto no art. 2º da ICVM nº 480:

> O emissor pode requerer o registro na CVM em uma das seguintes categorias:
> I – categoria A; ou
> II – categoria B.

§1º O registro na categoria A autoriza a negociação de quaisquer valores mobiliários do emissor em mercados regulamentados de valores mobiliários.

§2º O registro na categoria B autoriza a negociação de valores mobiliários do emissor em mercados regulamentados de valores mobiliários, exceto os seguintes valores mobiliários:
I – ações e certificados de depósito de ações; ou
II – valores mobiliários que confiram ao titular o direito de adquirir os valores mobiliários mencionados no inciso I, em consequência da sua conversão ou do exercício dos direitos que lhes são inerentes, desde que emitidos pelo próprio emissor dos valores mobiliários referidos no inciso I ou por uma sociedade pertencente ao grupo do referido emissor.

Por fim, a ICVM nº 480 torna possível que determinados emissores que atendam a certos pré-requisitos tenham seus pedidos de registro de ofertas de distribuição aprovados com maior celeridade. Estes emissores serão conhecidos como emissores com grande exposição ao mercado. Terá este status de emissor, de acordo com o art. 34 da instrução, a companhia que, cumulativamente:

I – tenha ações negociadas em bolsa há, pelo menos, 3 (três) anos;
II – tenha cumprido tempestivamente com suas obrigações periódicas nos últimos 12 (doze) meses;
III – cujo valor de mercado das ações em circulação seja igual ou superior a R$ 5.000.000.000,00 (cinco bilhões de reais), de acordo com a cotação de fechamento no último dia útil do trimestre anterior à data do pedido de registro da oferta pública de distribuição de valores mobiliários.

Os emissores, assim considerados, farão uso do registro automático de oferta.

Desta maneira, através da ampla divulgação de informações, o mercado acionário em geral beneficia-se, uma vez que, teoricamente, se torna mais eficiente e qualificado no que concerne à precificação dos ativos negociados. Da mesma forma são beneficiados os investidores em geral, para os quais passam a ser fornecidos meios para que estes se coloquem em posição de relativo equilíbrio frente aos acionistas controladores e administradores da companhia.

Underwriting

O art. 19, §3º, da Lei nº 6.385/1976 determina que nenhuma colocação pública seja feita sem a participação de uma instituição integrante do sistema de distribuição do mercado de valores mobiliários. A este processo dá-se o nome de *underwriting*.

Essa instituição atuará como *underwriter*. O *underwriting* é a típica operação financeira, originalmente praticada por instituições bancárias, hoje mais desempenhada por instituições financeiras especializadas, tais como bancos de investimento, sociedades corretoras e distribuidoras. Trata-se de relação contratual entre as duas partes (sociedade emissora e instituição).

A função básica do *underwriter* é a de servir como elemento de aproximação entre o distribuidor dos valores mobiliários e o público investidor. É responsável pela intermediação entre a sociedade emissora e os investidores interessados na aquisição, possibilitando principalmente uma redução dos custos de transação e dos riscos envolvidos na emissão de valores mobiliários. Nesta linha, deve ele assessorar o colocador dos valores mobiliários em todas as etapas do lançamento ao público.

São obrigações básicas do *underwriter*, além da colocação e da garantia de subscrição (se for o caso): (i) assessorar o colocador no preenchimento dos formulários exigidos pela CVM e na preparação dos prospectos; (ii) elaborar os anúncios de início e encerramento da distribuição; (iii) submeter, previamente, à CVM todo material necessário à divulgação da distribuição; (iv) controlar os boletins de subscrição; e (v) remeter periodicamente à CVM mapas/relatórios indicativos do movimento de colocação pública dos valores mobiliários. O *underwriter* tem ainda a obrigação de assegurar a plena e correta divulgação das informações relativas aos valores mobiliários. Assim, cabe a ele assumir uma postura independente ante a companhia emissora ao exercer seu dever de diligência. Com efeito, presume-se que o *underwriter* realize uma análise profissional das informações prestadas pela companhia. Ademais, ele dá credibilidade à colocação pública, pois sua presença pode levar os investidores a confiar na exatidão dos dados que fundamentam sua decisão de investir.

Valores mobiliários

Valores mobiliários são instrumentos de captação de recursos para o financiamento da companhia, representando, para aqueles que os subscrevem ou adquirem, uma alternativa de investimento. A Lei nº 10.303/2001, como já visto, reformou o mercado de capitais e ampliou o conceito de valores mobiliários. Segundo o art. 2º da Lei nº 6.385/1976, são valores mobiliários:

I – ações, debêntures e bônus de subscrição;

II – os cupons, direitos, recibos de subscrição e certificados de desdobramento relativos aos valores mobiliários referidos no inciso II;

III – os certificados de depósitos de valores mobiliários;

IV – as cédulas de debêntures;

V – as cotas de fundos de investimento em valores mobiliários ou de clubes de investimento em quaisquer ativos;
VI – as notas comerciais;
VII – os contratos futuros, de opções e outros derivativos, cujos ativos subjacentes sejam valores mobiliários;
VIII – outros contratos derivativos, independentemente dos ativos subjacentes; e
IX – quando ofertados publicamente, quaisquer outros títulos ou contratos de investimento coletivo, que gerem direito de participação, de parceira ou de remuneração, inclusive resultante de prestação de serviços, cujos rendimentos advêm do esforço do empreendedor ou de terceiros.

Diante da inovação trazida pela Lei nº 10.303/2001, Chediak (2002:538) definiu que

> sempre que títulos ou contratos ofertados publicamente gerem direito de participação, de parceria ou de remuneração, inclusive resultante de prestação de serviços, cujos rendimentos advêm do esforço do empreendedor ou de terceiros, tal título ou contrato será um valor mobiliário e, por consequência, estará sujeito às regras da Lei 6.385, e à regulação da Comissão de Valores Mobiliários.

A importância de estabelecer um claro conceito do que seja um valor mobiliário está ligada ao fato de que se determinado título for enquadrado como valor mobiliário, sua emissão e negociação públicas estarão sujeitas às normas e à fiscalização da CVM.

De fato, há uma grande dificuldade em se estabelecer uma definição clara e precisa do que venha a ser um valor mobiliário. Isto se deve ao fato de que os títulos negociados publicamente possuem características jurídicas muitas vezes bastante diferentes. Além disso, o mercado proporciona constantes inovações e mutações, o que torna a adoção de uma lista taxativa de definição uma técnica fadada a se tornar ultrapassada.

Como visto, a legislação nacional, ao mesmo tempo que oferece uma lista bastante detalhada de exemplos de valores mobiliários, prevê uma hipótese genérica, um conceito aberto. Este se destina a abarcar casos não cobertos pelos exemplos, mas que apresentam características em comum consideradas essenciais ao conceito de valor mobiliário. Nesse sentido a alteração da legislação nacional incorporou (inserção do art. 2º da Lei nº 6.385/1976, acima transcrito) uma "cópia" da jurisprudência americana sobre o teste do que seria um *investment contract*. Assim, de acordo com a legislação nacional, podemos destacar seis elementos do conceito de valores mobiliários:[71]

- intuito de investimento;
- investimento (seja um contrato propriamente ou um título);
- investimento coletivo;
- expectativa de lucro (remuneração sob qualquer forma);
- ganhos de esforços do empreendedor ou de terceiros;
- objeto de oferta pública.

Dessa forma, pode-se afirmar que o conceito de valor mobiliário, por definição, está relacionado à captação de poupança popular. Não interessa quantos compram, mas sim o esforço feito para distribuí-lo.

Cumpre notar que a própria legislação estabeleceu expressamente algumas exclusões legais ao conceito de valor mobiliário. Assim, apesar de apresentarem as características descritas acima, não são enquadrados como valores mobiliários (logo, suas emissões não são reguladas pela CVM), por exemplo, os títulos da dívida pública (regulados pelo Tesouro) e os títulos cambiais de instituições financeiras (regulados pelo Bacen).

---

[71] Ver, por exemplo, o voto do diretor Marcos Barbosa Pinto no Processo CVM nº RJ 2007/11.593, disponível em: <www.ibrademp.org.br/img/UserFiles/File/PROCESSO%20CVM%20N%C2%BA%20RJ2007.pdf>. Acesso em: ago. 2009.

Ações

Conceito de ação (conjunto padronizado de direitos e obrigações)

As ações são o conjunto padronizado de direitos e obrigações, que se corporifica através de um título (valor mobiliário), que representa parte ou unidade do capital social, traduzindo a contribuição dos acionistas à formação deste, quer em dinheiro, quer em bens. É, portanto, título representativo de parte do capital social, limitando a responsabilidade de seu titular ao preço de emissão daquelas por ele subscritas ou adquiridas (art. 1º da Lei nº 6.404/1976).[72]

Na verdade, uma ação é a menor fração do capital social de uma companhia. Pode ser negociada em bolsa ou no mercado de balcão — tratando-se de companhia de capital aberto — ou apenas compor o capital social de uma sociedade anônima de capital fechado, sem possibilidade de negociação no mercado de capitais.

Espécies de ações (ordinárias, preferenciais, gozo/fruição)

Nos termos do art. 15 da Lei das Sociedades por Ações, "as ações, conforme a natureza dos direitos ou vantagens que confiram a seus titulares, são ordinárias, preferenciais ou de fruição". É o que a doutrina denomina classificação das ações quanto às espécies.

---

[72] Vale trazer à baila interessante ressalva formulada por Guerreiro e Teixeira (1979:169): "Muito embora [a ação] confira a seu titular direito de participação sobre o patrimônio líquido da sociedade, pensamos que não seria apropriado dizer-se, do ponto de vista jurídico, que a ação se assimile a uma fração ideal do patrimônio líquido, uma vez que este não equivale ao capital, a não ser no momento em que a sociedade se constituiu. Em outras palavras, o que se divide em ações é capital e não o patrimônio líquido".

AÇÕES ORDINÁRIAS

As ações ordinárias basicamente conferem aos acionistas os direitos de um sócio comum. Os titulares de uma ação dessa espécie (ordinarialistas) não possuem nenhuma vantagem, nem se sujeitam a qualquer tipo de restrição, no tocante aos direitos que normalmente são atribuídos aos acionistas de uma sociedade anônima. As ações ordinárias concedem, ao respectivo titular, necessariamente, o direito de voto na assembleia geral (art. 110 da Lei nº 6.404/1976). Dessa forma, aquele acionista detentor de mais da metade das ações dessa categoria caracteriza-se como controlador da companhia, podendo, por conta disso, decidir assuntos de natureza geral da sociedade, aprovar grande parte das alterações estatutárias e eleger os administradores, por exemplo. Nesse sentido os acionistas detentores de ações ordinárias podem ser divididos em controlador (ou controladores) e minoritários. As relações decorrentes da interação entre esses dois grupos de acionistas são extremamente complexas e, de uma maneira geral, conflituosas. A compatibilização entre essas duas categorias e, consequentemente, entre o exercício do poder de controle e a proteção aos direitos da minoria caracteriza-se como uma das mais importantes preocupações do moderno direito societário.

AÇÕES DE FRUIÇÃO

A emissão dessa raríssima espécie de ação, prevista no art. 44, §5º, da LSA, é uma concessão do estatuto ou da assembleia geral aos titulares de ações integralmente amortizadas. Com a amortização, o acionista recebe antecipadamente os valores que lhe tocariam em caso de liquidação. Deste modo, as ações de fruição têm os direitos que eram conferidos pelas ações amortizadas, salvo restrição estatutária ou decisão em contrário da assembleia que deliberar a amortização. Estas restrições não podem atingir os direitos essenciais do acionista previstos no art. 109 da Lei nº 6.404/1976.

As restrições relativas às ações de fruição, quando não definidas no estatuto, devem ser especificadas pela assembleia geral. Existem, entretanto, três hipóteses de limitação dos direitos societários dos acionistas com ações de fruição que não dependem de previsão estatutária ou deliberação assemblear, ou seja, restrições que alcançam todos os acionistas com ações integralmente amortizadas: (i) concorrem ao acervo líquido da companhia somente após a compensação em favor das ações não amortizadas; (ii) ao exercerem o direito de recesso, o reembolso das ações também é objeto de compensação; (iii) não têm direito ao recebimento de juros sobre o capital próprio.

Com a liquidação efetiva da sociedade anônima, os titulares de ações de fruição só participarão da partilha do acervo remanescente depois de assegurado aos proprietários de ações não amortizadas um montante igual ao valor recebido à época do pagamento, devidamente corrigido.

AÇÕES PREFERENCIAIS

As ações preferenciais são aquelas que atribuem ao seu titular determinada vantagem, em relação às ações ordinárias, na distribuição dos lucros da sociedade. Esse tratamento diferenciado deve ser definido no estatuto da sociedade anônima. O preferencialista (titular de ações preferenciais) usufrui, assim, de uma condição privilegiada, não concedida aos demais acionistas. A natureza e a extensão dessa vantagem, previstas no estatuto, podem se dar, por exemplo, através do recebimento de um valor fixo ou mínimo, a título de dividendos.

Em princípio, todas as ações ordinárias e preferenciais de companhias fechadas ou abertas têm direito de voto (ver arts. 110 e 111 da Lei nº 6.404/1976). O estatuto social, entretanto, "poderá deixar de conferir às ações preferenciais o direito de voto, ou conferi-lo com restrições" (art. 111, *caput*), por disposição expressa, desde que lhes ceda, como contraprestação pela suspensão do exercício do direito político de voto, qualquer direito patrimonial privilegiado relativo à distribuição dos lucros da companhia. Vale dizer assim que, em regra, as ações preferenciais são votantes, mas a lei faculta a supressão dos direitos de voto, desde que prevista no estatuto social.

Depois da nova lei societária, todo acionista preferencialista que não tiver assegurada uma prioridade de recebimento de dividendo fixo ou mínimo, ou seja, o titular de ação preferencial que tiver apenas a prioridade no reembolso do capital em caso de liquidação de sociedade terá o direito de receber dividendos superiores em 10% aos conferidos às ações ordinárias da companhia.

Independentemente de receber ou não o valor de reembolso do capital, com prêmio ou sem ele, as ações preferenciais sem direito a voto, ou com restrição ao exercício deste direito, somente serão admitidas à negociação no mercado de valores mobiliários se a elas for atribuída pelo menos uma das seguintes preferências ou vantagens:

❑ direito de participar do dividendo a ser distribuído correspondente a, pelo menos, 25% do lucro líquido do exercício, calculado na forma do art. 202 da LSA, de acordo com o seguinte critério:
   a) prioridade no recebimento dos dividendos mencionados no inciso I do referido artigo, correspondentes a, no mínimo, 3% do valor do patrimônio da ação;
   b) direito de participar dos lucros distribuídos em igualdade de condições com as ordinárias, depois de a estas assegurado dividendo igual ao mínimo prioritário estabelecido em conformidade com a alínea "a";

- direito ao recebimento de dividendo, por ação preferencial, pelo menos 10% maior do que o atribuído a cada ação ordinária;
- direito de serem incluídas na oferta pública de alienação de controle, nas condições previstas no art. 254-A da LSA, assegurado o dividendo pelo menos igual ao das ações ordinárias.

Outras preferências ou vantagens, além das previstas no referido art. 17 da Lei nº 6.404/1976, podem ser conferidas às ações preferenciais que não tiverem direito a voto ou com voto restrito, desde que o estatuto as regule com precisão e minúcia.

As vantagens políticas das ações preferenciais consistem no direito de eleger, em votação em separado, um ou mais membros dos órgãos de administração, ou o direito de aprovar previamente certas alterações arroladas no estatuto, em assembleia especial composta pelos titulares das classes de ações com esta vantagem.

Proporção das ações ordinárias e preferenciais

A Lei nº 10.303/2001 alterou o §2º do art. 15 da Lei nº 6.404/1976 de forma a limitar a emissão de ações preferenciais à metade do capital social total da sociedade. No entanto, as companhias já existentes anteriormente à promulgação da lei de 2001 não precisaram dirigir-se à Comissão de Valores Mobiliários para se certificar quanto à incidência desse dispositivo relativamente a elas.

Verificando a aplicação conjunta do referido dispositivo da Lei nº 6.404/1976 com os §§1º e 2º do já mencionado art. 8º da lei de 2001, vemos que a limitação da proporção de 50% entre ações ordinárias e preferenciais se aplica às (i) companhias abertas ou fechadas, que doravante forem constituídas;

(ii) companhias fechadas preexistentes, no momento em que decidirem abrir seu capital; e, ainda, (iii) companhias abertas preexistentes que, não tendo ainda emitido ações preferenciais até a vigência da nova lei, venham a fazê-lo a partir de então. Por certo as companhias abertas preexistentes, mesmo já tendo ações preferenciais emitidas, poderão voluntariamente adotar o novo limite de ações preferenciais.

A interpretação a contrário senso desses dispositivos nos permite a conclusão de que às companhias abertas ou fechadas, enquanto não abrirem seu capital, será lícita a manutenção do regime jurídico anterior por período indefinido, inclusive nos futuros aumentos de capital. Ou seja, tais companhias poderão manter a proporção de até 2/3 de ações preferenciais e de 1/3 de ações ordinárias, podendo não apenas manter a proporção de ações preferenciais já existentes, mas também elevá-la até o limite de 2/3, caso ainda não o tenham atingido.

Bônus de subscrição

Previstos no art. 75 da Lei nº 6.404/1976, os bônus de subscrição outorgam a seus titulares, durante um determinado prazo, o direito de adquirir ações da emitente a um preço de emissão determinado ou determinável, segundo critérios pre-estabelecidos. São títulos negociáveis, emitidos por companhia de capital autorizado, que conferem a seus titulares o direito de subscrever ações da companhia emitente. No entendimento de Ascarelli (1969:22),

> o bônus de subscrição contém a obrigação unilateral da companhia de admitir a subscrição, por parte do credor, ou seja, a obrigação de admitir que o credor assuma um ônus de natureza contratual junto à própria devedora, representado pela subscrição e integralização das ações nele previstas.

Cada bônus autoriza a subscrição de ações do capital social (a quantidade indicada no certificado), mediante o pagamento do preço de emissão convencionado. Quanto à natureza jurídica dos bônus de subscrição, acolhe-se a concepção de tratar-se de título de legitimação.

Conforme disposto no art. 75 da LSA, a emissão de bônus de subscrição deverá estar dentro dos limites do capital autorizado no estatuto. Dessa forma, uma vez emitidos os bônus, deverá a sociedade proceder a uma reserva de ações, dentro do capital autorizado, para fazer face ao eventual exercício do direito de subscrição criado, somente liberando o saldo dessa reserva após o término do prazo de validade dos bônus.

Os bônus de subscrição, por revestirem a natureza de títulos negociáveis, podiam assumir a forma ao portador ou endossável. Com o advento da Lei nº 8.021, de 1990, passaram a revestir compulsoriamente a forma nominativa registrada ou escritural (art. 78 da LSA).

Opção de compra de ações

A opção de compra de ações encontra-se regulada no §3º do art. 168 da Lei nº 6.404/1976. Como o bônus de subscrição, a opção de compra de ações também deverá se situar dentro do limite do capital autorizado no estatuto. Para sua emissão, a opção depende de previsão estatutária e de plano aprovado pela assembleia geral.

Além de diferentes funções, as opções de compra têm natureza diversa da dos bônus de subscrição. As opções de compra constituem ato unilateral da companhia, de natureza contratual. Constituem contratos preliminares que outorgam o direito de subscrever ações emitidas pela companhia. Já os bônus de subscrição são títulos que incorporam o direito de subscrever ações, na forma e condição previstas no estatuto e na deliberação do conselho de administração. Revestem a natureza de títulos de crédito, diferentemente das opções de compra, que permanecem na esfera do direito contratual.

As opções tem como destinatários os administradores, empregados e prestadores autônomos e visam ao engajamento destes no esforço de crescimento da sociedade. As opções refletem o preço de emissão em um dado momento; o subsequente progresso da sociedade promoverá a valorização de suas ações, propiciando àqueles que contribuíram para esse progresso a oportunidade de realizar um lucro efetivo, adquirindo ações da companhia por um preço inferior ao vigente.

Vale ressaltar que, caso a opção seja negociável — e é o próprio estatuto que irá estabelecer isso —, as opções poderão assumir formas nominativas ou escriturais.

Partes beneficiárias

As partes beneficiárias são títulos de criação da sociedade anônima que têm por finalidade a atribuição, a seus titulares, do direito de participar dos lucros anuais. Ao contrário das ações, as partes beneficiárias não correspondem a qualquer contrapartida no capital da sociedade. Diferem das debêntures, pois não correspondem a um valor de reembolso a ser exigido da emitente, mas tão só a um crédito eventual, que depende dos lucros de cada exercício.

São uma categoria de valores mobiliários que asseguram ao seu titular direito de crédito eventual contra a companhia emissora, representando uma participação nos lucros desta. Trata-se, assim, de crédito eventual, na medida em que nada poderá ser reclamado da sociedade se ela não auferir lucro num determinado exercício. De acordo com o art. 47, parágrafo único, da Lei nº 6.404/1976, só as companhias fechadas podem emitir partes beneficiárias.

Uma das funções das partes beneficiárias é possibilitar a captação de recursos. Nesse sentido, a companhia se utiliza dessa espécie de valor mobiliário para receber, como pagamento, o preço atribuído a elas pelos adquirentes, interessados na rentabilidade proporcionada pela participação nos resultados líquidos da companhia. Além dessa função, as partes beneficiárias apresentam as funções de remuneração por prestação de determinados serviços à sociedade, bem como a atribuição gratuita, normalmente em favor de fundações ou associações (art. 48 da Lei nº 6.404/1976). Vale salientar que o máximo que a companhia pode comprometer no pagamento da participação ou no resgate da parte beneficiária é o correspondente a 10% de seus lucros (art. 46 da Lei nº 6.404/1976), sendo que a base de cálculo a ser adotada não corresponde diretamente aos lucros da sociedade, fazendo-se necessário descontar destes alguns valores consubstanciados na lei.

Questões de automonitoramento

1. Após ler o capítulo, você é capaz de resumir os casos geradores do capítulo 6, identificando as partes envolvidas, os problemas atinentes e as possíveis soluções cabíveis?
2. Quais as diferentes maneiras de financiamento da companhia?
3. Seria correto dizer que as ações são "conjuntos padronizados de direitos e obrigações"?
4. Quais as principais mudanças relativas à ação preferencial introduzidas pela Lei nº 10.303/2001?
5. Qual o conceito de valor mobiliário?
6. Quais os principais valores mobiliários utilizados pelas companhias? O que se entende por capital social?
7. Como e com que espécies de bens o capital social deverá ser formado?
8. Pense e descreva, mentalmente, alternativas para a solução dos casos geradores do capítulo 6.

6

Sugestões de casos geradores

Sociedade limitada: relações externas. Administração e conselho fiscal (cap. 1)

Na qualidade de administrador da Sociedade Flores e Mudas Limitada (doravante denominada "sociedade"), Joaquim das Neves Olegário obteve do Banco Vida Empreendimentos S.A. um empréstimo para a sociedade, no valor de R$ 50 mil, sob o argumento de que a empresa estava precisando de recursos com urgência. O contrato de mútuo feneratício é lastreado com a emissão de uma nota promissória.

Quando os sócios souberam da existência do empréstimo, tentaram, de todas as formas, cancelá-lo, já que a sociedade nunca necessitou de aportes externos de capital, tendo sido verificado que os recursos provenientes do empréstimo foram utilizados em benefício particular do administrador Joaquim das Neves Olegário.

Além disso, de acordo com o contrato social, Joaquim das Neves Olegário não tinha poderes para contrair sozinho um empréstimo em nome da sociedade, tampouco para emitir títulos de crédito, o que somente poderia ser feito com a assinatura de dois administradores em conjunto.

Por certo, o administrador infiel foi destituído de seu cargo, enquanto o Banco Vida Empreendimentos S.A. ameaça executar a sociedade, caso esta não pague o valor do empréstimo, acrescido de todos os encargos. Alega que não é sua obrigação examinar o contrato social de todas as sociedades com as quais contrata. Alega também decorrer da lei o poder de os administradores contraírem empréstimos em nome das sociedades.

A sociedade quer saber de você se precisa pagar a dívida e, em caso positivo, se poderá cobrar do ex-administrador o valor pago via ação de regresso ou intervenção de terceiros.

Sociedade limitada: relações internas da sociedade (cap. 2)

1. Você foi procurado por um sócio da sociedade XYZ Produções Ltda. (doravante denominada apenas XYZ) para uma consulta. A sociedade, de natureza empresária, possui três sócios, todos com participações iguais no capital social, e todos administradores da XYZ.

Um dos sócios, utilizando-se da qualidade de administrador da XYZ e de seus poderes de representação, adquiriu para si, numa grande compra feita pela XYZ, equipamentos específicos de uma produtora. Ademais, um mês após a compra dos equipamentos, anunciou na imprensa que desejava se desligar da XYZ, pois já havia se tornado sócio de uma nova produtora. O contrato social da XYZ não prevê a faculdade de exclusão de sócio minoritário por justa causa, em conformidade com o art. 1.085 do Código Civil de 2002.

Seu novo cliente gostaria de saber como proceder na situação descrita.

2. A deliberação social de uma sociedade limitada, modificativa do endereço da sua sede, é objeto de impugnação por um dos sócios minoritários que pretende exercer direito de recesso.

Procurado pelos sócios majoritários, qual o seu parecer?
3. O sócio majoritário pode ser excluído de uma sociedade? É necessário o ingresso em juízo?

Sociedade anônima:
a opção pelo modelo companhia (cap. 3)

Um fundo de investimentos e duas sociedades desejam constituir uma Sociedade de Propósito Específico (SPE) que lhe sirva de veículo para um projeto de desenvolvimento, construção e operação de uma refinaria no Sudeste do Brasil. Para a estruturação do referido projeto, os parceiros precisam decidir qual estrutura jurídica será adotada para a SPE, isto é, que tipo societário ela adotará.

Em vista do exposto, pergunta-se:

1. Considerando que o projeto da refinaria demandará investimentos de alto valor, indique o tipo de sociedade que melhor se adaptaria à SPE em questão. Fundamente.
2. Se a SPE for constituída como uma sociedade anônima aberta, como ela poderá obter acesso à poupança popular? Qual procedimento ela deverá observar para essa finalidade? Elabore.
3. Quais as vantagens de a SPE ser constituída como uma companhia fechada? Justifique.
4. De que modo as boas práticas de governança corporativa poderiam ser aplicáveis ao projeto em tela?
5. Considerando que a SPE adote o tipo societário de uma sociedade anônima, como será realizada a remuneração dos investidores? Fundamente e indique as opções.
6. Indique uma forma de assegurar ao fundo de investimentos uma participação, ainda que minoritária, na administração da SPE.

7. É possível adotar um quórum privilegiado para a deliberação de algumas matérias da SPE? Explique.
8. Levando em consideração a opção entre uma sociedade limitada e uma sociedade anônima, indique, comparativamente, as vantagens e desvantagens de um acordo de sócios/acionistas em um e outro tipo de sociedade.
9. É possível prever que os parceiros não possam alienar a sua participação no capital social da sociedade nos primeiros cinco anos após a constituição da sociedade e que, após este prazo, possam aliená-la livremente, salvo veto conjunto dos outros dois parceiros, que deverão apresentar justificativa objetiva para tal?

Manifestação externa da vontade da companhia: a assembleia geral, o conselho de administração, a diretoria e o conselho fiscal (cap. 4)

O estatuto social da companhia XYZ nada dispõe quanto à questão da representação e forma de votar de conselheiro de administração quando esse não puder comparecer às reuniões do conselho e quanto à forma de eleição do secretário e do presidente do órgão.

A determinada reunião do conselho de administração da XYZ, alguns conselheiros não poderão comparecer e, por isso, querem ser representados por advogados. Outro membro do conselho confirmou a sua presença, manifestando o interesse em levar consigo o seu advogado.

A reunião do conselho de administração em questão tem por pauta deliberar a convocação de assembleia geral extraordinária para que seja ratificada a contratação feita meses antes, de forma irrevogável e irretratável, dos serviços profissionais de um terceiro. O objeto de tal contrato é a delegação, para o contratado, dos poderes de administração que a companhia detém na qualidade de sócia oculta de uma sociedade em conta de participação.

Antes da aludida reunião do conselho de administração, um dos conselheiros solicitou cópia do contrato referido (documento composto de 350 páginas, incluindo seus anexos), tendo a diretoria colocado somente o documento à disposição do conselheiro, sendo-lhe negado, porém, o fornecimento de cópia.

Na assembleia geral extraordinária, apesar de o tema não integrar a agenda, um determinado acionista submete à assembleia proposta de ajuizamento de ação de responsabilidade contra os diretores por prejuízos causados em decorrência, no entender do proponente, da prática de ato ilícito de contratação dos serviços acima mencionados.

Pergunta-se:

1. Na sua opinião, pode um conselheiro ser representado em reunião do conselho de administração por advogado?
2. Pode o conselheiro comparecer em reunião do conselho de administração acompanhado de advogado?
3. Está correta a posição da companhia em negar cópia do contrato ao conselheiro?
4. Sendo o estatuto omisso quanto à forma de eleição do secretário e do presidente do conselho de administração, qual seria, na sua opinião, a maneira mais adequada para elegê-los?
5. Caberia ação de responsabilidade contra os diretores, considerando que eram pessoas com *expertise* nas questões envolvidas, e que não poderiam delegar, de forma irrevogável, os poderes de gestão tendo por objeto os interesses da companhia em uma sociedade em conta de participação?
6. Podia a diretoria celebrar esse contrato de forma irrevogável e irretratável?

7. Caberia, por deliberação da assembleia geral, ação contra os membros do conselho de administração por terem indicado pessoas supostamente inaptas para o cargo de diretores (*culpa in eligendo*)? E contra os diretores?

Sociedade anônima e financiamento: valores mobiliários (cap. 5)

1. A Railway Ferrovias S.A., companhia de capital aberto do mercado de logística ferroviária, pretende obter recursos que serão utilizados primariamente para financiar investimentos, inclusive com a aquisição de material rodante, para fazer melhorias na infraestrutura da via permanente, construir e adquirir terminais e armazéns, realizar melhorias tecnológicas, investimentos e aquisições oportunas, além de atender a finalidades corporativas em geral, inclusive capital de giro.

Dessa forma, a administração da Railway Ferrovias S.A., juntamente com alguns acionistas, estruturaram um *initial public offering* (IPO), com distribuição pública primária e secundária de ações, para obtenção dos recursos necessários.

Pergunta-se:

a) Quais as formas de a Railway Ferrovias S.A. receber tal aporte de recursos?

b) A companhia obteria algum recurso da oferta secundária? Quais os passos que terão que ser dados para que ela possa efetivamente distribuir estas ações no mercado?

2. A sociedade anônima denominada X, concessionária de serviço público, tem como acionistas A, B, C e D. Os sócios A e B são minoritários, detentores de ações ordinárias e preferenciais, sem direito a voto, e celebraram entre si um acordo de acionistas. Os sócios C e D controlam a companhia através de um acordo de acionistas. Há dois exercícios financeiros a sociedade não vinha gerando lucros. Ao longo do terceiro exer-

cício financeiro, tendo em vista uma dificuldade financeira, os controladores decidem reduzir o capital social da companhia, mesmo ainda dispondo de reservas de capital suficientes para a absorção de, pelo menos, parte do prejuízo.

Os minoritários ingressaram com uma representação na CVM, alegando que:

❏ as reservas de capital da companhia deveriam ter sido utilizadas antes da redução do capital, para repor a sua integralidade;

❏ a redução de capital feita foi fraudulenta, pois visava unicamente afastar a possibilidade de aquisição do direito de voto pelos acionistas preferencialistas;

❏ os controladores incorreram no exercício abusivo de poder;

❏ por a sociedade ser uma concessionária de serviço público, essa operação dependeria da anuência da agência reguladora competente.

Os sócios controladores rebateram os argumentos dos minoritários alegando que:

❏ o ordenamento jurídico brasileiro, assim como a maioria dos ordenamentos estrangeiros, não obriga à utilização das reservas de capital para reintegralizar o capital social;

❏ a redução de capital é um direito do controlador e foi feita na forma da primeira parte do art. 173 da Lei nº 6.404/1976;

❏ a sociedade, por disposição de seu estatuto, não precisaria de autorização para esse tipo de operação.

Você, diretor da CVM, diante do caso em tela, como julgaria a representação dos minoritários? Justifique a sua resposta, ponto a ponto, sinalizando sempre com o dispositivo legal pertinente.

Conclusão

Na medida em que a consciência jurídica da sociedade evolui, e os cidadãos ampliam seu acesso à justiça, seja através do Poder Judiciário ou meios alternativos de solução de conflitos, cresce a importância do estudo do direito.

O direito está permeado como um dos elementos de transformação modernizadora das sociedades tradicionais, principalmente nos países em desenvolvimento. Evidencia-se, a cada dia, que o direito empresarial não pode ser insensível ao que ocorre no sistema econômico, e que o direito tem papel relevante na organização da sociedade.

O objetivo deste livro foi o de desenvolver discussões e estudos sobre os fundamentos do direito societário e suas diversas implicações, de modo a se concluir com mais segurança sobre os passos necessários para o constante aperfeiçoamento do sistema jurídico nacional.

O estabelecimento de um sistema legal que funcione adequadamente é condição essencial para um bom nível de crescimento do país, seja em termos econômicos, seja em relação às suas instituições.

Nossa intenção é contribuir com o fomento a estudos específicos e aprofundados sobre o tema, tarefas que devem ser cada vez mais estimuladas no país, baseando-se na crença de que uma Justiça mais eficiente também acarretará um direito mais efetivo.

Referências

ABRÃO, Nelson. *Sociedades por quotas de responsabilidade Ltda*. São Paulo: Saraiva, 1980.

ALMEIDA, Amador Paes de. *Execuções de bens dos sócios*. 2. ed. São Paulo: Saraiva, 2000.

ARAGÃO, Paulo Cezar. Ações preferenciais. Adequação às regras impostas pela Lei 10.303/01. *Revista de Direito Bancário, do Mercado de Capitais e da Arbitragem*, São Paulo, n. 19, 2003.

ARAÚJO, Alessandra Vasconcellos de; PINTO, Francisco Bilac Moreira. A *affectio societatis* e a penhora das quotas. *Revista dos Tribunais*, São Paulo, ano 86, v. 736, fev. 1997.

ARAÚJO FILHO, Raul de; CUNHA, Rodrigo Ferraz P. Limites de atuação do conselho fiscal. *Revista de Direito Mercantil, Industrial, Econômico e Financeiro*, São Paulo, v. 42, n. 129, jan./mar. 2003.

ASCARELLI, Tullio. *Teoria geral dos títulos de crédito*. São Paulo: Saraiva, 1969.

_____. *Problemas das sociedades anônimas e direito comparado*. Campinas: Bookseller, 1999.

ASQUINI, Alberto. Perfis da empresa. Trad. Fábio Konder Comparato. *Revista de Direito Mercantil, Industrial, Econômico e Financeiro*, São Paulo, n. 104, p. 109, 1996.

ASSAF NETO, A. *Mercado financeiro*. São Paulo: Atlas, 2000. caps. 4 e 8.

BAINBRIDGE, Stephen M. *Corporation law and economics*. New York: Foundation Press, 2002.

BANCO NACIONAL DE DESENVOLVIMENTO ECONÔMICO E SOCIAL (BNDES). *Informe BNDES*, n. 166, dez. 2002/jan. 2003.

BARRETO FILHO, Oscar. Órgãos de administração das sociedades limitadas. *Revista de Direito Mercantil, Industrial, Econômico e Financeiro*, São Paulo, n. 25, 1977. Nova série.

BCHARA, Antonio Jesus Marçal Romeiro. Assembleia geral. In: VIDIGAL, Geraldo de Camargo; MARTINS, Ives Gandra da Silva (Orgs.). *Comentários à Lei das Sociedades por Ações*. Rio de Janeiro: Forense Universitária, 1999.

BERLE, Adolf Augustus; MEANS, Gardiner C. *A moderna sociedade anônima e a propriedade privada*. Trad. Dinah de Abreu Azevedo. 3. ed. São Paulo: Nova Cultural, 1988.

BORBA, José Edwaldo Tavares. *Direito societário*. 6. ed. Rio de Janeiro: Renovar, 2001.

_____. *Direito societário*. 8. ed. Rio de Janeiro: Renovar, 2003.

_____. *Direito societário*. 9. ed. Rio de Janeiro: Renovar, 2004.

_____. *Direito societário*. 10. ed. Rio de Janeiro: Renovar, 2007.

BORGES, João Eunápio. *Curso de direito comercial terrestre*. 5. ed. Rio de Janeiro: Forense, 1971.

BOULOS, Eduardo Alfred Taleb; SZTERLING, Fernando. O novo mercado e práticas diferenciadas de governança corporativa. *Revista de Direito Mercantil*, São Paulo, n. 125, 2002.

BUCCIOLI, Fábio. O conselho fiscal das sociedades anônimas como órgão *sui generis* na Lei 6.404/76 e no anteprojeto da CVM. *Revista de Direito Mercantil*, São Paulo, v. 105, 1997.

BULGARELLI, Waldirio. Apontamentos sobre a responsabilidade dos administradores das companhias. *Revista de Direito Mercantil, Econômico, Industrial e Financeiro*, São Paulo, ano 22, n. 50, abr./jun. 1983.

_____. *Manual das sociedades anônimas*. 7. ed. São Paulo: Atlas, 1993.

_____. *Sociedades comerciais*. 7. ed. São Paulo: Atlas, 1998.

CÁMARA, Manuel de la. *La competencia de la junta general de accionistas*: estudios Juridicos sobre la sociedad anonima. Madrid: Civitas, 1995.

CAMARGO, João Laudo de; BOCATER, Maria Isabel do Prado; NUNES, Márcio Tadeu Guimarães. Conselho de administração e diretoria. Comentários à Lei das Sociedades por Ações. In: LOBO, Jorge (Coord.). *Reforma da Lei das Sociedades Anônimas*: inovações e questões controvertidas da Lei nº 10.303, de 31-10-2001. Rio de Janeiro: Forense, 2002.

CAMPINHO, Sérgio. *O direito de empresa à luz do novo Código Civil*. Rio de Janeiro: Renovar, 2002.

_____. *O direito de empresa à luz do novo Código Civil*. 6. ed. Rio de Janeiro: Renovar, 2005.

CANTIDIANO, Luiz Leonardo. Conselho de administração. In: _____. *Reforma da Lei das S.A.* Rio de Janeiro: Renovar, 2002a.

_____. *Reforma da Lei das S.A. Comentada*. Rio de Janeiro: Renovar, 2002b.

_____. O desenvolvimento do mercado de capitais. *Revista de Direito do Ibmec*, v. 1, 2003.

CARVALHO, Gil Costa. Conselho de administração e diretoria. In: VIDIGAL, Geraldo de Camargo; MARTINS, Ives Gandra da Silva

(Orgs.). *Comentários à Lei das Sociedades por Ações*. Rio de Janeiro: Forense Universitária, 1999.

CARVALHOSA, Modesto. *Comentários à Lei de Sociedades Anônimas*. São Paulo: Saraiva, 1998. v. 8.

_____. *Comentários à Lei de Sociedades Anônimas*. São Paulo: Saraiva, 2002. v. 4.

_____. *Comentários à Lei de Sociedades Anônimas*. 3. ed. rev. e atual. São Paulo: Saraiva, 2003a. v. 3.

_____. *Comentários ao Código Civil*. São Paulo: Saraiva, 2003b. v. 13.

_____. *Comentários à Lei de Sociedades Anônimas*. São Paulo: Saraiva, 2004. v. 1.

_____. *Comentários à Lei de Sociedades Anônimas*: Lei n$^{\circ}$ 6.404, de 15 de dezembro de 1976, com as modificações das Leis n°s 9.457, de 5 de maio de 1997, e 10.303, de 31 de outubro de 2001. São Paulo: Saraiva, 2009. v. 1.

_____; EIZIRIK, Nelson. *A nova Lei das S.A.* São Paulo: Saraiva, 2002.

_____; LATORRACA, Nilton. *Comentários à Lei de Sociedades Anônimas*. São Paulo: Saraiva, 1997.

_____; _____. *Comentários à Lei de Sociedades Anônimas*. 2. ed. São Paulo: Saraiva, 1998. v. 3.

CHEDIAK, Julian Fonseca Peña. A reforma do mercado de valores mobiliários. In: LOBO, Jorge (Coord.). *Reforma da Lei das Sociedades Anônimas*: inovações e questões controvertidas da Lei n$^{\circ}$ 10.303, de 31.10.2001. Rio de Janeiro: Forense, 2002.

COELHO, Fábio Ulhoa. *Curso de direito comercial*. 5. ed. rev. e atual. de acordo com o novo Código Civil e alterações da LSA. São Paulo: Saraiva, 2002. v. 2.

_____. *A sociedade limitada no novo Código Civil.* São Paulo: Saraiva, 2003a.

_____. *Curso de direito comercial.* São Paulo: Saraiva, 2003b. v. 2.

_____. *Curso de direito comercial.* 7. ed. rev. e atual. São Paulo: Saraiva, 2004. v. 2.

_____. *Curso de direito comercial.* 8. ed. São Paulo: Saraiva, 2005a. v. 2.

_____. *Manual de direito comercial.* 16. ed. São Paulo: Saraiva, 2005b.

COMPARATO, Fábio Konder. *Aspectos jurídicos da macroempresa.* São Paulo: Revista dos Tribunais, 1970.

_____. Exclusão de sócio nas sociedades por cotas de responsabilidade limitada. *Revista de Direito Mercantil, Industrial, Econômico e Financeiro*, São Paulo, v. 25, 1977.

_____. *Novos ensaios e pareceres de direito empresarial.* Rio de Janeiro: Forense, 1981a.

_____. A natureza da sociedade anônima e a questão da derrogabilidade das regras legais de quórum nas assembleias gerais e reuniões do conselho de administração. In: _____. *Novos ensaios e pareceres de direito empresarial.* Rio de Janeiro: Forense, 1981b.

_____. *O poder de controle na sociedade anônima.* 3. ed. Rio de Janeiro: Forense, 1983.

_____. A reforma da empresa. In: _____. *Direito empresarial*: estudos e pareceres. São Paulo: Saraiva, 1990a.

_____. Ineficácia de estipulação, em acordo de acionistas, para eleição de diretores, em companhia com conselho de administração. In: _____. *Direito empresarial.* São Paulo: Saraiva, 1990b.

_____. Exegese legal do requisito da residência no Brasil dos administradores de sociedade anônima. In: _____. *Direito empresarial.* São Paulo: Saraiva, 1999.

_____; SALOMÃO FILHO, Calixto. *O poder de controle na sociedade anônima*. Rio de Janeiro: Forense, 2005.

COSTA E SILVA, Francisco da. As ações na Lei 10.303 de 31-10-01: proporcionalidade com as ações ordinárias — vantagens e preferências. In: LOBO, Jorge (Coord.). *Reforma da Lei das Sociedades Anônimas*. Rio de Janeiro: Forense, 2002.

EIZIRIK, Nelson. *Questões de direito societário e mercado de capitais*. Rio de Janeiro: Forense, 1984.

_____. Limites à atuação do conselho fiscal. *Revista de Direito Mercantil*, n. 84, out./dez. 1991. Nova série.

_____. *Aspectos modernos do direito societário*. Rio de Janeiro: Renovar, 1992.

_____. Valores mobiliários na nova Lei das S.A. *Revista de Direito Mercantil, Industrial, Econômico e Financeiro*, São Paulo, v. 124, 2001.

_____. Conselho fiscal. In: LOBO, Jorge (Coord.). *Reforma da Lei das Sociedades Anônimas*. Rio de Janeiro: Forense, 2002.

FAGUNDES, João Paulo F. A. Os fundos de investimento em direitos creditórios à luz das alterações promovidas pela Instrução CVM 393. *Revista de Direito Mercantil*, v. 132, out./dez. 2003.

FAORO, André Leal. O novo regime das sociedades por quotas de responsabilidade limitada. *Revista da Associação dos Advogados do Rio de Janeiro*, Rio de Janeiro, 2002.

FERREIRA, Waldemar. *Sociedades por quotas*. São Paulo: Cia. Gráphico-Editora, Monteiro Lobato, 1925.

_____. *Instituições de direito comercial*. 4. ed. São Paulo: Max Limonad, 1954. v. 1.

FRANÇA, Erasmo Valladão Azevedo e Novaes. Acionista controlador — impedimento ao direito de voto. *Revista de Direito Mercantil, Industrial, Econômico e Financeiro*, n. 125, 2002a.

_____. Conflito de interesses: formal ou substancial? Nova decisão da CVM sobre a questão. *Revista de Direito Mercantil, Industrial, Econômico e Financeiro*, n. 128, 2002b.

GOURLAY, Pierre-Gilles. *Le conseil d'administration de la société anonyme*: organisation e fonctionnement. Paris: Sirey, 1971.

GUERREIRO, José Alexandre Tavares. Execução específica do acordo de acionistas. *Revista de Direito Mercantil, Industrial, Econômico e Financeiro*, São Paulo, ano XX, n. 41, jan./mar. 1981. Nova série.

_____. O conselho fiscal e o direito à informação. *Revista de Direito Mercantil*, São Paulo, v. 45, 1982.

_____; TEIXEIRA, Egberto Lacerda. *Das sociedades anônimas no direito brasileiro*. São Paulo: Bushatsky, 1979. v. 1.

GUIMARARÃES, Leonardo. Exclusão de sócio em sociedades limitadas no novo Código Civil. *Revista de Direito Mercantil Industrial, Econômico e Financeiro*, São Paulo, v. 129, 2003.

KLEIN, William A.; RAMSEYER, J. Mark. *Business associations*. New York: Foundation Press, 1997.

_____; _____; BAINBRIDGE, Stephen M. *Business associations*: cases and material on agency, partnerships, and corporations. 5. ed. New York: Foundation Press, 2003.

LAMY FILHO, Alfredo. A desconsideração da personalidade jurídica em acordo de acionistas. In: _____; PEDREIRA, José Luiz Bulhões. *A Lei das S.A.*: pressupostos, elaboração, aplicação. Rio de Janeiro: Renovar, 1992.

_____. Competência do conselho de administração — preço de emissão. In: _____; PEDREIRA, José Luiz Bulhões. *A Lei das S.A.*: pressupostos, elaboração, aplicação. Rio de Janeiro: Renovar, 1996. v. 2.

_____. Capital social. Conceito. Atributos. A alteração introduzida pela Lei 9.457/97. O capital social no sistema jurídico americano. *Revista Forense*, Rio de Janeiro, v. 346, 1997.

_____; PEDREIRA, José Luiz Bulhões. *A Lei das S.A*: pressupostos, elaboração, aplicação. Rio de Janeiro: Renovar, 1996. v. 2.

_____; _____. *A Lei das S.A.*: pressupostos, elaboração, aplicação. Rio de Janeiro: Renovar, 1997. v. 1.

LEÃES, Luiz Gastão Paes de Barros. *Do direito do acionista ao dividendo.* São Paulo: Obelisco, 1969.

_____. Direito e conselho de administração na sociedade anônima. In: _____. *Direito comercial*: textos e pretextos. São Paulo: José Bushatsky, 1976.

_____. Responsabilidade dos administradores das sociedades por cotas de responsabilidade limitada. *Revista de Direito Mercantil, Industrial, Econômico e Financeiro*, São Paulo, n. 25, 1977. Nova série.

_____. Conflito de interesses. Deliberação tomada pelos administradores sobre fiança prestada pelos acionistas controladores, em benefício da companhia. In: _____. *Estudos e pareceres sobre sociedades anônimas.* São Paulo: Revista dos Tribunais, 1989.

_____. Conflito de interesses e vedação de voto nas assembleias das sociedades anônimas. *Revista de Direito Mercantil*, São Paulo, v. 92, 1991.

_____. Exclusão extrajudicial de sócio em sociedade por quotas. *Revista de Direito Mercantil, Industrial, Econômico e Financeiro*, São Paulo, v. 100, 1995.

_____. O alcance das limitações estatutárias ao poder de representação dos diretores. *Revista de Direito Mercantil*, n. 113, jan./mar. 1999.

LOBO, Carlos Augusto da Silveira. O voto múltiplo na eleição do conselho de administração das sociedades anônimas. *Revista Forense*, v. 270, abr./jun. 1980.

LOBO, Jorge. *Sociedades limitadas.* Rio de Janeiro: Forense, 2004. v. 1.

LOPES, Idevan César Rauen. *Empresa & exclusão do sócio de acordo com o novo Código Civil.* Curitiba: Juruá, 2004.

LUCENA, José Waldecy. *Das sociedades por quotas de responsabilidade limitada*. Rio de Janeiro: Renovar, 1996.

_____. *Das sociedades limitadas*. Rio de Janeiro: Renovar, 2003.

MARCONDES, Sylvio. *Questões de direito mercantil*. Rio de Janeiro: Saraiva, 1977.

MARTINS, Fran. *Comentários à Lei das Sociedades Anônimas*. 2. ed. Rio de Janeiro: Forense, 1984. v. 2, tomo I.

_____. *Curso de direito comercial*. 30. ed. rev. e atual. por Carlos Henrique Abrão. Rio de Janeiro: Forense, 2005.

MENDONÇA, J. X. Carvalho de. Sociedades anônimas — funções e poderes dos administradores. *Pareceres — Banco do Brasil*, Rio de Janeiro, p. 23-24, 1941a.

_____. Sociedades anônimas — poderes da diretoria para descontar títulos em carteira. Desconto bancário. Noção. *Pareceres — Banco do Brasil*, Rio de Janeiro, p. 20, 1941b.

MIRANDA GUIMARÃES, M. A. *Companhias fechadas*. Porto Alegre: Livraria do Advogado, 1992.

MIRANDA JR., Darcy Arruda. *Dicionário jurisprudencial da sociedade de responsabilidade limitada*. São Paulo: Saraiva, 1988.

MORAES, Luiza Rangel de. Considerações sobre o regime jurídico da administração nas sociedades simples, limitadas e anônimas. *Revista de Direito Bancário e do Mercado de Capitais e da Arbitragem*, São Paulo, v. 18, 2002.

MÜSSNICH, Francisco Antunes Maciel. A utilização desleal de informações privilegiadas — *insider trading* — no Brasil e nos Estados Unidos. *Revista de Direito Mercantil*, São Paulo, v. 34, 1979.

_____. Reflexões sobre o direito de recesso na Lei das Sociedades por Ações. In: LOBO, Jorge (Coord.). *Reforma da Lei das Sociedades Anônimas*: inovações e questões controvertidas da Lei nº 10.303, de 31.10.2001. Rio de Janeiro: Forense, 2002.

PANTOJA, Teresa Cristina G. Anotações sobre as pessoas jurídicas. In: TEPEDINO, Gustavo (Coord.). *A parte geral do novo Código Civil*: estudos na perspectiva civil-constitucional. 2. ed. Rio de Janeiro: Renovar, 2003.

PAPINI, Roberto. *Sociedade anônima e mercado de valores mobiliários*. Rio de Janeiro: Forense, 1999.

PARENTE, Flávia. *O dever de diligência dos administradores de sociedades anônimas*. Rio de Janeiro: Renovar, 2005.

PARENTE, Norma J. *Ações da CVM no controle e regulamentação sobre os dados das empresas*. Palestra proferida em 26 de setembro de 2002. Disponível em: <www.cvm.gov.br>. Acesso em: 11 maio 2009.

_____. Eleição dos membros do conselho de administração pelos acionistas minoritários. *Revista de Direito Mercantil*, n. 131, jul./set. 2003.

PEDREIRA, José Luiz Bulhões. Acordo de acionistas sobre controle de grupo de sociedades. Validade da estipulação de que os membros do conselho de administração de controladas devem votar em bloco segundo orientação definida pelo grupo controlador. *Revista de Direito Bancário, do Mercado de Capitais e da Arbitragem*, n. 15, 2002.

PEIXOTO, Cunha. *A sociedade por cota de responsabilidade Ltda*. Rio de Janeiro: Forense, 1956.

PENTEADO, Mauro Rodrigues. Ações preferenciais. In: LOBO, Jorge (Coord.). *Reforma da Lei das Sociedades Anônimas*. Rio de Janeiro: Forense, 2002.

PERIN JÚNIOR, Ecio. *A Lei nº 10.303/2001 e a proteção do acionista minoritário*. São Paulo: Saraiva, 2004.

REQUIÃO, Rubens. A sociedade anônima como instituição. *Revista de Direito Mercantil*, n. 18, 1975.

_____. *Curso de direito comercial*. 9. ed. São Paulo: Saraiva, 1980. v. 2.

_____. *Curso de direito comercial*. 23. ed. São Paulo: Saraiva, 2003. v. 1.

_____. *Curso de direito comercial*. 24. ed. São Paulo: Saraiva, 2005. 2. v.

_____. *Curso de direito comercial*. 27. ed. São Paulo: Saraiva, 2007. v. 2.

RIPPERT, Georges. *Traité élémentaire de droit commercial*. Paris: Libraire Générale de Droit et de Jurisprudence, 1972.

ROMANO, Cristiano. *Órgãos da sociedade anônima*. São Paulo: Revista dos Tribunais, 1982.

SALOMÃO FILHO, Calixto. *O novo direito societário*. 2. ed. reform. São Paulo: Malheiros, 2002.

SANTOS, Jurandir. *Manual das assembleias gerais nas sociedades anônimas*. São Paulo: Saraiva, 1994.

SCHMITTHOFF, Clive M.; KAY, Maurice; MORSE, Geoffrey K. *Palmer's company law*. London: Stevens & Sons, 1976.

SHARP JÚNIOR, Ronald A. *Aulas de direito comercial e de empresa*. Rio de Janeiro: Elsevier (Campus), 2006.

_____. A holding pura como sociedade simples. *IRTDPJBrasil*, São Paulo, [s.d.]. Disponível em: <www.irtdpjbrasil.com.br/NEWSITE/Holding.htm> Acesso em: 23 mar. 2010.

SILVA, Alexandre Couto. *Responsabilidade dos administradores de S.A.:* business judgment rule. Rio de Janeiro: Elsevier, 2007.

SILVA, Maria Lúcia de A. P.; GIANTOMASSI, Thiago. A mudança nas regras contábeis brasileiras. *Valor Econômico*, São Paulo, 8 jan. 2008. Disponível em: <www.valor.com.br>. Acesso em: ago. 2009.

SILVA, Rodrigo Alves da. Os fundos de investimento financeiro à luz do Código de Defesa do Consumidor: a proteção do investidor. *Revista de Direito Privado*, n. 13, p. 187, 2003.

SOARES DE FARIA, Sebastião. *Da exclusão de sócios nas sociedades de responsabilidade ilimitada*. São Paulo: Livraria Acadêmica, 1926.

SZTAJN, Rachel. O direito de recesso nas sociedades comerciais. *Revista de Direito Mercantil, Industrial, Econômico e Financeiro*, São Paulo, v. 71, 1998.

TEIXEIRA, Egberto Lacerda. *Das sociedades por quotas de responsabilidade limitada*. São Paulo: Max Limonad, 1956.

_____. *Das sociedades anônimas no direito brasileiro*. São Paulo: Bushatsky, 1979.

_____. As sociedades limitadas e o projeto do Código Civil. *Revista de Direito Mercantil, Industrial, Econômico e Financeiro*, São Paulo, n. 99, 1995. Nova série.

THE NEW PALGRAVE DICTIONARY OF ECONOMICS AND THE LAW. Macmillan Reference, 1998.

TOLEDO, Paulo Fernando Campos Salles de. *O conselho de administração na sociedade anônima*: estrutura, funções e poderes. Responsabilidade dos administradores. São Paulo: Atlas, 1997.

_____. *O conselho de administração na sociedade anônima*. 2. ed. São Paulo: Atlas, 1999.

TOMAZETTE, Marlon. *Direito societário*. 2. ed. São Paulo: Juarez de Oliveira, 2004.

VALVERDE, Trajano de Miranda. *Sociedades por ações*. Rio de Janeiro: Forense, 1953. v. 2.

VAN HILLE, Jean-Marie. *La société anonyme*: aspects juridiques et pratiques. Bruxelles: Bruylant, 1990.

VIEIRA, Paulo Albert W.; REIS, Ana Paula de C. As sociedades limitadas no novo Código Civil — a limitação de contratar. *Revista de Direito Mercantil, Industrial, Econômico e Financeiro*, São Paulo, n. 127, 2003. Nova série.

VILLAMIZAR, Francisco Reyes. *Derecho societario en Estados Unidos*: intoducción comparada. 2. ed. Bogotá: Editorial Legis, 2005.

WALD, Arnoldo. Regime das ações preferenciais na legislação brasileira. *RDB*, v. 1, n. 1, 2002.

_____. Da natureza jurídica do fundo imobiliário. *Revista de Direito Mercantil, Industrial, Econômico e Financeiro*, n. 80, 2006.

ZELMANOVITZ, Leônidas. Fundos de investimento imobiliários. *Revista da CVM*, Rio de Janeiro, n. 32, 2000.

Organizadores

Na contínua busca pelo aperfeiçoamento de nossos programas, o Programa de Educação Continuada da FGV Direito Rio adotou o modelo de sucesso atualmente utilizado nos demais cursos de pós-graduação da Fundação Getulio Vargas, no qual o material didático é entregue ao aluno em formato de pequenos manuais. O referido modelo oferece ao aluno um material didático padronizado, de fácil manuseio e graficamente apropriado, contendo a compilação dos temas que serão abordados em sala de aula durante a realização da disciplina.

A organização dos materiais didáticos da FGV Direito Rio tem por finalidade oferecer o conteúdo de preparação prévia de nossos alunos para um melhor aproveitamento das aulas, tornando-as mais práticas e participativas.

Joaquim Falcão — diretor da FGV Direito Rio

Doutor em educação pela Université de Génève. *Master of laws* (LL.M) pela Harvard University. Bacharel em direito pela Pontifícia Universidade Católica do Rio de Janeiro (PUC-Rio).

Diretor da Escola de Direito do Rio de Janeiro da Fundação Getulio Vargas (FGV Direito Rio).

Sérgio Guerra — vice-diretor de pós-graduação da FGV Direito Rio

Doutor e mestre em direito. Professor titular da FGV Direito Rio (graduação e mestrado), na qual ocupa o cargo de vice-diretor de pós-graduação (*lato* e *stricto sensu*). Diretor-executivo da *Revista de Direito Administrativo* (RDA) e coordenador do mestrado profissional em Poder Judiciário. Possui pós-graduação (especialização) em direito ambiental, direito processual civil e direito empresarial e cursos de educação continuada na Northwestern School of Law e University of California – Irvine.

Rafael Almeida — coordenador de pós-graduação

Master of laws (LL.M) em *international business law* pela London School of Economics and Political Science (LSE). Mestre em regulação e concorrência pela Universidade Candido Mendes (Ucam). Formado pela Escola de Magistratura do Estado do Rio de Janeiro (Emerj). Bacharel em direito pela Universidade Federal do Rio de Janeiro (UFRJ) — onde cursa doutorado em economia — e em economia pela Ucam. Coordenador dos cursos de pós-graduação da FGV Direito Rio.

Rodrigo Vianna — coordenador de pós-graduação

Master of Laws (LL.M) em *alternative dispute resolution* pela Kingston University London. Bacharel em direito pela PUC-Rio. Coordenador de comunicação e dos cursos de pós-graduação da FGV Direito Rio.

Colaboradores

Os cursos de pós-graduação da FGV Direito Rio foram realizados graças a um conjunto de pessoas que se empenhou para que ele fosse um sucesso. Nesse conjunto bastante heterogêneo, não poderíamos deixar de mencionar a contribuição especial de nossos professores e pesquisadores em compartilhar seu conhecimento sobre questões relevantes ao direito. A FGV Direito Rio conta com um corpo de professores altamente qualificado que acompanha os trabalhos produzidos pelos pesquisadores envolvidos em meios acadêmicos diversos, parceria que resulta em uma base didática coerente com os programas apresentados.

Nosso especial agradecimento aos colaboradores da FGV Direito Rio que participaram deste projeto:

Alexandre Ferreira de Assumpção Alves

Advogado. Mestre e doutor em direito pela Universidade do Estado do Rio de Janeiro (Uerj). Professor adjunto de direito empresarial nas faculdades de direito da Universidade Federal do

Rio de Janeiro (UFRJ) e da Uerj. Professor nos cursos de pós-graduação *lato sensu* da FGV e pós-graduação *stricto sensu* da Uerj.

Gabriel Leonardos

Advogado especializado em direito da propriedade intelectual, com bacharelado em direito pela Uerj, mestrado em direito pela Universidade de São Paulo (USP) e pós-graduação pela Universidade Ludwig-Maximilian, de Munique (Alemanha). Presidente da Comissão de Propriedade Industrial e Pirataria da OAB/RJ (mandato 2007-2009).

Gustavo Sampaio de Abreu Ribeiro

Graduando da Escola de Direito do Rio de Janeiro da Fundação Getulio Vargas (FGV Direito Rio). Assistente de pesquisa do Centro de Pesquisas em Direito e Economia da FGV Direito Rio.

Juan Luiz Souza Vazquez

Promotor de Justiça (RJ). Professor da FGV Direito Rio. Pós-graduação em sociedades empresárias pela FGV, pela Escola da Magistratura do Estado do Rio de Janeiro (Emerj) e pela Universidade Candido Mendes (Ucam) e em direito privado pela Universidade Federal Fluminense (UFF). Mestrando em direito econômico e desenvolvimento pela Ucam.

Luis Bernardo Coelho Cascão

Advogado especialista em propriedade industrial. Mestrando em direito econômico (propriedade industrial, inovação e desenvolvimento) pela Ucam. Graduado pela UFRJ.

Marcelo Ferreira de Carvalho

Advogado pós-graduando em direito societário e mercado de capitais pela FGV Direito Rio, com bacharelado em direito pela Universidade Candido Mendes. Assistente de ensino da turma de sociedades empresárias da FGV.

Márcio Souza Guimarães

Doutorando pela Université Toulouse 1 (Centre de Droit des Affaires). Mestre em direito empresarial pela Ucam. Professor de direito empresarial da graduação e do Curso de Mestrado Profissionalizante em Poder Judiciário e coordenador do Curso de Societário e Mercado de Capitais da pós-graduação da FGV Direito Rio. Promotor de Justiça titular da 1ª Promotoria de Massas Falidas da Capital.

Marcos Barbosa Pinto

Doutor em direito pela USP. Mestre em direito pela Universidade de Yale e bacharel em direito pela USP. Foi estagiário e associado do escritório Levy & Salomão Advogados, em São Paulo, e associado do escritório Morrison & Foerster, nos Estados Unidos. Também foi consultor do Banco Interamericano de Desenvolvimento (BID) junto ao Ministério do Planejamento, e chefe de gabinete da presidência do Banco Nacional de Desenvolvimento Econômico e Social (BNDES). Atualmente é diretor da Comissão de Valores Mobiliários (CVM). Professor nos cursos de graduação e pós-graduação da FGV Direito Rio.

Paulo Penalva Santos

Pós-graduado em direito empresarial pelo Instituto de Direito Público e Ciência Política da Fundação Getulio Vargas. Bacharel pela Faculdade de Direito da Uerj. Procurador do estado do Rio de Janeiro. Conferencista da Escola da Magistratura do Estado do Rio de Janeiro.

Ronald Sharp

Professor da pós-graduação da FGV, da Emerj e do Centro de Estudos Jurídicos 11 de Agosto (CEJ). Doutorando em educação pela Universidad de Alcalá (Espanha), tendo obtido o DEA (diploma de estudos avançados de doutorado). Autor dos livros *Aulas de direito comercial e de empresa* e *Ação fiscalizadora e processo administrativo-trabalhista*. Auditor fiscal do trabalho. Chefe do Setor de Mediação da Superintendência do Trabalho e Emprego do Rio de Janeiro, ex-DRT-RJ. Ex-advogado do BNDES.

Thaís Teixeira Mesquita

Graduada em letras, com habilitação em português e literaturas de língua portuguesa, na Uerj. Pós-graduanda em língua portuguesa no Liceu Literário Português. Atua como revisora do material didático dos cursos de extensão e especialização da FGV Direito Rio. Também atua como professora, lecionando língua portuguesa e literatura nos ensinos fundamental e médio.